Miteinander diskutieren

C(

Ob in der Schule, an der Universität, im Büro, in den Medien oder der Politik – der produktive Austausch von Argumenten ist überall die Voraussetzung für die Entwicklung neuer Ideen und Konzepte. Doch wer weiß nicht aus eigener Erfahrung, daß Versuche vernünftiger Diskussion oft kläglich scheitern? Aufbrausende Emotionen, rüdes Unterbrechen des Gesprächspartners, Angriffe auf die Person statt Kritik an ihren Argumenten oder auch nur die Sehnsucht nach vorschneller Übereinstimmung – das sind nur einige der Klippen, an denen das Ideal einer vernunftgeleiteten Diskussion oft zerschellt.

Jürgen August Alt zeigt in seinem Buch, wie diese und andere Klippen zu umschiffen sind. Dabei geht er von einer einfachen Grundregel aus: Konzentrieren Sie sich auf den Diskussionsgegenstand und auf die Aussagen zum Thema. So selbstverständlich das klingt, so schwer ist es umzusetzen – und hier gibt Alt unverzichtbare Hilfestellungen. In einer klaren, leicht verständlichen Sprache und durch zahlreiche Beispiele veranschaulicht er die Voraussetzungen einer vernünftigen Debatte, stellt die häufigsten Fehler beim Argumentieren dar und zeigt, wie man sie vermeiden kann.

Jürgen August Alt, geb. 1949, Dr. phil., lehrt an der Deutschen Landjugend-Akademie in Bonn. Mehrere Buchveröffentlichungen. In der Reihe Campus Einführungen erschien 1992 sein Band über *Karl R. Popper*.

Jürgen August Alt

Miteinander diskutieren

Eine Einführung in die Praxis vernünftiger Argumentation

Campus Verlag
Frankfurt/New York

Redaktion: Julia Baumgart, Freiburg

Die Deutsche Bibliothek – CIP-Einheitsaufnahme

Alt, Jürgen August:
Miteinander diskutieren : eine Einführung in die Praxis
vernünftiger Argumentation / Jürgen August Alt. –
Frankfurt/Main ; New York : Campus Verlag, 1994
    ISBN 3-593-35052-1

Umschlaggestaltung: Atelier Warminski, Büdingen
Umschlagmotiv: Tony Stone Bilderwelten – Poulides/Thatcher
Satz: L. Huhn, Maintal-Bischofsheim
Druck und Bindung: Druckhaus Beltz, Hemsbach
Gedruckt auf säurefreiem und chlorfrei gebleichtem Papier
Printed in Germany

Inhalt

Vorwort

Die Idee, ein Buch über vernünftige Argumentation zu schreiben, stammt nicht von mir, sondern von Teilnehmern und Teilnehmerinnen meiner Lehrveranstaltungen, in denen Aspekte dieses Themas erörtert wurden. Uns fiel auf, daß es zwar verschiedene wissenschaftliche Arbeiten hierüber gibt – und daneben auch die mehr oder weniger unzulänglichen Rhetorik-Bücher –, aber keine gut lesbare Einführung in die Theorie und Praxis vernünftiger Argumentation.

Einerseits orientiert sich diese Arbeit an der alltäglichen Praxis unserer Argumentation. Die Beispiele stammen aus Diskussionen und Referaten, oder ich habe sie so konstruiert, daß sie einige der Mängel und Fehler enthalten, die in der Wirlichkeit auftreten. Andererseits unterwerfe ich die Praxis unseres Redens und Diskutierens einer Kritik und schlage etliche Verbesserungen vor. Ich skizziere also ein Modell vernünftiger Argumentation, das Maßstäbe zur Beurteilung der Praxis enthält.

Viele der offenen Fragen und zahlreichen Kontroversen – etwa zum Thema Rationalität oder Normenbegründung – erwähne ich nur am Rande, obwohl sie beim Schreiben eine Rolle gespielt haben. Diejenigen unter Ihnen, die sich noch gründlicher mit der gesamten Thematik beschäftigen wollen, finden im Literaturverzeichnis einige interessante Arbeiten, insbesondere auch solche, die meinen Auffassungen widersprechen.

Waltraud Rosbach danke ich dafür, daß sie das druckfertige Manuskript souverän am Computer hergestellt hat. Meine Frau Christa ist mir dabei behilflich gewesen, den Text möglichst klar und verständlich zu formulieren. Da eine klare, gut nachvollziehbare Sprache zu den unaufgebbaren Bestandteilen der Rationalität gehört, sollten Sie dieses Buch auch daran messen.

Und nicht zuletzt wurde die Arbeit auch intensiv vom Verlag betreut, insbesondere von Julia Baumgart, die viele Verbesserungsvorschläge gemacht hat.

Einleitung

Was tun wir eigentlich, wenn wir uns an einer Diskussion beteiligen? Die Antwort auf diese Frage scheint einfach zu sein: Wir tragen unsere Ansichten vor, hören die Meinungen der anderen und üben daran Kritik. Vielleicht gelingt es sogar, am Ende der Diskussion eine Übereinkunft herbeizuführen – wir finden beispielsweise einen Lösungsvorschlag, den alle gutheißen, oder eine These, der die Beteiligten zustimmen. Doch es ist offenbar nicht leicht, auf eine vernünftige, faire und doch wirkungsvolle Weise zu argumentieren: Allzuoft erleben wir, daß Diskussionen in wechselseitigen Vorwürfen und Schuldzuweisungen untergehen. Ein aufschlußreiches Beispiel ist die sog. »Euthanasiedebatte«, also der Streit um die Sterbehilfe (Hegselmann/Merkel 1991). Diese öffentlich ausgetragene Diskussion wurde vor allem deshalb mit so hohem emotionalen Aufwand und heftigen persönlichen Attacken geführt, weil bei diesem Thema ethische Probleme eine Rolle spielen – Wertkonflikte, die uns unmittelbar berühren und oft eine vernünftige Argumentation erschweren. Der australische Philosoph Peter Singer, der Hauptakteur des ganzen Streits, behauptet, in Deutschland habe sich bis heute keine nennenswerte Tradition rationalen Argumentierens entwickelt; es sei hierzulande kaum möglich, schwierige ethische Angelegenheiten ruhig und vernünftig zu erörtern (ebd. 1991: 324). Und tatsächlich halten viele Zeitgenossen schon den Versuch für aussichtslos, Probleme dieser Art rational zu behandeln. Weit verbreitet sind subjektivistische und relativistische Positionen, denen zufolge nicht nur ethische Fra-

11

gen und Entscheidungen, sondern auch Theorien von den jeweiligen – eben subjektiven – Standpunkten abhängen. Diejenigen, die solche Auffassungen vertreten, unternehmen begreiflicherweise nur wenig Anstrengungen, die Kunst vernünftigen Argumentierens zu erlernen und anzuwenden. So kommt es, daß diese Positionen die Tendenz haben, sich selbst zu bestätigen – und es ist vor diesem Hintergrund nicht verwunderlich, wenn ein Hochschullehrer seine Erfahrungen mit Studenten in philosophischen Übungen folgendermaßen beschreibt: »Was sich aber zeigte, war ein hoher Mangel an Vertrauen in die eigene Kreativität, eine Unbeholfenheit und eine Unerfahrenheit im Denken, Unklarheit über die notwendigen Kontrollen und vor allem eine Unwilligkeit, Positionen zu vertreten, zu entwickeln, zu begründen, die man selbst nicht teilt. Ein Zug der Zeit mag sein, daß die meisten Teilnehmer subjektivistische bzw. relativistische Positionen vertreten.« (Böhme 1992: 29)

Der Verlauf einer Diskussion wird in hohem Maße von den Erwartungen und den argumentativen Kompetenzen der Teilnehmer beeinflußt. Etliche Publikationen der letzten Jahre[1] haben dazu beigetragen, Diskussionen in erster Linie als Kommunikationsprozesse zu begreifen. Diese ohnehin populäre Sichtweise hat zur Folge, daß Aspekte des Informations*austauschs* und die *Beziehungen* zwischen den Gesprächspartnern zu stark in den Vordergrund rücken. Im Unterschied dazu möchte ich die Leser und Leserinnen einladen, sich mit der *Formulierung* und der *kritischen Prüfung von Aussagen* zu beschäftigen. Das ist nämlich die entscheidende Aufgabe vernünftiger Argumentation, die in Diskussionen – mit oder ohne Diskussionsleiter – bewältigt werden sollte. Es heißt zwar oft, Argumente dienten der Begründung oder gar dem Beweis von Aussagen

---

1 Ein Beispiel hierfür ist das bekannte Buch *Miteinander reden 1* von Schulz v. Thun. Im zweiten Band revidiert der Autor einige seiner Auffassungen. So schreibt er, die von ihm vertretene Kommunikationspsychologie habe scheinbar »ein Kommunikationsideal [proklamiert], dem man nun nacheifern konnte. Dabei hat sie teilweise einer neuen ›Schönheitskonkurrenz‹ Vorschub geleistet, bei der die ideale Redeweise manchmal mehr wog als die Substanz des zu Sagenden.« (1989: 13)

(vgl. Lumer 1990). Doch eine solche Feststellung weckt, wie ich in dieser Arbeit zu zeigen versuche, zu hohe Erwartungen. Argumente sind Sätze, die Aussagen, informative ebenso wie normative, plausibler machen können – nicht mehr, aber auch nicht weniger. Und vor allem benutzen wir die Argumente als Instrumente der kritischen Prüfung. Im Verlauf einer Diskussion wollen wir Aussagen finden, *die der Kritik standhalten,* wobei sich die zur Debatte stehenden Aussagen auf bestimmte *Fragen* bzw. *Probleme* beziehen.

Ob eine vernünftige Diskussion zustandekommt, hängt von vielen Voraussetzungen ab. Mit der wichtigsten, der menschlichen Sprache, beschäftigen wir uns im 1. Kapitel dieses Buches. Die Sprache ermöglicht es, Überzeugungen zu veröffentlichen, in Sätze zu transformieren, die der Kritik zugänglich sind. Das 1. Kapitel soll auch zeigen, weshalb kommunikationspsychologische Beschreibungen und Erklärungen von Diskussionsprozessen zu kurz greifen. Eine – gelungene – Debatte ähnelt weniger einem Kommunikationsspiel oder einer gruppendynamischen Übung, eher dagegen der Tätigkeit des Technischen Überwachungsvereins (TÜV), der ja ebenfalls bestimmte Objekte überprüft.

Verschiedene Bedingungen, die vernünftige Diskussionen erleichtern oder erschweren, erörtern wir im 2. Kapitel. Weil eine gute Diskussionsleitung zum Gelingen rationaler Debatten beitragen kann, finden Sie schon an dieser Stelle einige Empfehlungen für die Praxis.

Im 3. Kapitel geht es darum, die unterschiedlichen Aussagen – also die Gegenstände kritischer Prüfung – zu ordnen. Das ist deshalb so wichtig, weil unsere Kritik treffsicherer wird, sobald wir genauer wissen, gegen welchen Typ von Aussagen wir sie richten.

Wann und wie sollte ein Begriff definiert werden? Welche Rolle spielen Begriffe in einer vernünftigen Auseinandersetzung? Eine Antwort auf diese Fragen enthält das 4. Kapitel. Ich möchte dort zeigen, daß Begriffe und Definitionen oft überschätzt werden. Unsere Kritik richtet sich gegen die Aussagen und nicht gegen die Begriffe.

Aber wie kritisieren wir richtig? Welche Mittel der Kritik stehen uns zur Verfügung? Damit setzen wir uns im 5. Kapitel auseinander. Im allgemeinen werden die – sicherlich begrenzten – Möglichkeiten vernünftiger Argumentation nicht voll ausgeschöpft, insbesondere wenn ethische Fragen zur Debatte stehen. Auf der anderen Seite neigen manche Diskussionsteilnehmer dazu, die Mittel der *Ideologiekritik* zu überschätzen. Ideologiekritische Hinweise auf mutmaßliche Motive und Interessen, die bei der Formulilerung von Aussagen eine Rolle gespielt haben mögen, hinterlassen oft einen nachhaltigen Eindruck und tragen zu einer übermäßigen Emotionalisierung von Diskussionen bei.

Das 6. Kapitel befaßt sich mit den häufigsten logischen und sonstigen Fehlern beim Diskutieren. Wie verhalten wir uns zum Beispiel, wenn ein Gesprächspartner – oft mit den besten Absichten – die Argumente auf die Person bezieht, nicht auf das eigentliche Diskussionsthema; etwa so: »Als Mann sind Sie nicht wirklich in der Lage, die Probleme im Zusammenhang mit dem § 218 zu beurteilen.« Eine solche Bemerkung mag auf den ersten Blick plausibel erscheinen – tatsächlich liegt ihr aber, wie wir sehen werden, ein bestimmter Fehler zugrunde.

Ein ganzes Bündel von weiteren Schwierigkeiten hängt mit den häufigen Hinweisen auf Erfahrungen und Gefühlserlebnisse zusammen, die der Begründung von Aussagen dienen sollen. Das 7. Kapitel enthält einige Ideen, wie wir auf eine rationale, am Erkenntnisgewinn orientierte Weise mit den Erfahrungen umgehen können. In diesem Zusammenhang kritisiere ich auch die argumentative Inanspruchnahme von Betroffenheit.

Es ist wohl vernünftig, danach zu fragen, wo die etwaigen Grenzen vernünftiger Argumentation liegen. Doch in Diskussionen versuchen manche Teilnehmer solche Grenzen zu ziehen, um der kritischen Prüfung ihrer Aussagen zu entgehen – beispielsweise mit Hilfe relativistischer Ideen, denen zufolge die Gültigkeit einer These von den jeweiligen Standpunkten abhängig ist. Deshalb müssen wir uns mit dem Relativismus und seinem Einfluß auf unsere Streitkultur auseinandersetzen. Das geschieht im 8. und außerdem noch im 12. Kapitel. Mutmaßliche Grenzen spielen aber auch im 9. Kapitel eine Rolle. Dort geht es um die Frage, ob es wirklich Behauptungen gibt, denen wir gerecht werden, indem wir sie einfach »annehmen«, glauben – und nicht kritisieren.

Zuweilen hören wir die Meinung, daß Frauen und Männer nahezu zwangsläufig aneinander vorbeireden. Frauen, so heißt es beispielsweise, verfügten über eine spezifische, eben eine weibliche Logik. Tatsächlich scheint es einige Unterschiede im Sprachverhalten zu geben, Unterschiede, die sich in Diskussionsprozessen bemerkbar machen können. Die Frage, wie wir damit umgehen sollten, beschäftigt uns im 10. Kapitel. Wichtig für eine vernünftige Debatte ist auch die *gute Präsentation der Argumente*. Verschiedene Beobachter der öffentlichen Auseinandersetzungen in Deutschland stellen gerade in dieser Hinsicht Defizite fest; einige Kritiker vermissen eine »demokratische Streitkultur« in der Bundesrepublik und halten die »rhetorischen Qualitäten« – verglichen mit denen anderer Länder – für ungenügend. Das 11. Kapitel dieses Buches handelt deshalb vom Problem einer guten Darstellung bzw. Präsentation von Redebeiträgen.

Vielleicht haben Sie sich beim Lesen des bisherigen Textes schon die Frage gestellt: Warum soll ich überhaupt vernünftig argumentieren? Was habe ich davon? Eine Antwort darauf lautet: Vernünftige Argumentationen sind Bestandteile von Lernprozessen. Die Weigerung, rational vorzugehen, also etwa Kritik an den eigenen (sprachlich formulierten) Überzeugungen zuzulassen, bedeutet insofern einen Verzicht – einen Verzicht auf bestimmte Lernprozesse.

Eine andere Antwort ist diese: Jeder Mensch verfolgt Ziele. Um diese zu erreichen, benötigt er Mittel. Es liegt daher im wohlverstandenen Eigeninteresse, die jeweils besten Mittel – etwa die mit den geringsten Nebenwirkungen – ausfindig zu machen. Das gelingt aber eher, wenn die unterschiedlichen Ideen für solche Mittel kritisch geprüft werden. Darüber hinaus ist es ratsam, hin und wieder auch die Ziele klar zu formulieren und kritischen Prüfungen zu unterwerfen. Wir sollten außerdem daran denken, daß diejenigen, die mit der vernünftigen Argumentation weniger gut vertraut sind, *leichter auf faule Tricks und Überredungsmanöver hereinfallen.* Im 12. und letzten Kapitel dieses Buches finden Sie weitere Argumente, aber auch verschiedene *Einwände gegen die Idee der Vernunft,* die in den letzten Jahren vorgebracht wurden. Sogar über die Vernunft können wir auf eine vernünftige Weise diskutieren.

Kapitel I

Funktionen der Sprache

Einer verbreiteten Auffassung zufolge ist die menschliche Sprache ein Medium der Kommunikation: Nachrichten werden von einer Person – einem Sender – zu einer anderen – einem Empfänger – transportiert. Dieses Modell legt zum einen nahe, den Vorgang der Übermittlung von Informationen, den Transport zu untersuchen. Darüber hinaus lädt uns ein solches Modell dazu ein, verschiedene Eigenschaften des Empfängers und des Senders genauer zu betrachten – insbesondere diejenigen Eigenschaften, die den Prozeß des Informationsaustauschs ermöglichen. Auch wenn dieser Ansatz, der uns im Zusammenhang von Diskussionen zwischen Frauen und Männern (Kap. 10) noch einmal beschäftigen wird, durchaus seine Berechtigung hat, reicht er nicht aus, um das Phänomen Sprache zu verstehen. Das hängt damit zusammen, daß die (menschliche) Sprache mehrere Funktionen hat. Eine berühmt gewordene Klassifikation derselben stammt von Karl Bühler.[1] Er schlägt vor, drei Funktionen der Sprache zu unterscheiden: 1. die Ausdrucks- bzw. Kundgabefunktion, 2. die Auslöse- bzw. Appellfunktion, 3. die Darstellungsfunktion.

Jede Äußerung bringt etwas von der Person, die gerade spricht, zum Ausdruck. So mag beispielsweise die Stimme zittern. Dieses Zittern wird von anderen wahrgenommen und als ein Signal über interne Zustände des Senders gedeutet. Wir soll-

---

1 Vgl. hier K. Bühler, *Sprachtheorie*, Frankfurt-Berlin-Wien 1978. Mit Bühler befaßt sich auch Schulz v. Thun (1989; 1990).

ten uns aber schon an dieser Stelle klarmachen, daß solche Signale keineswegs eindeutig sind; unsere Interpretationen können falsch sein. Außerdem deuten wir die Signale im Kontext einer Situation: In Abhängigkeit von bestimmten situativen Bedingungen nehmen wir das Zittern der Stimme z.b. als ein Zeichen für sexuelle Erregung wahr oder aber als Ausdruck der Angst.

Die Auslösefunktion – Bühler spricht auch von Appellen – hat etwas mit der Beziehung zwischen den Sprechenden zu tun. Die Sprache informiert nicht nur über einige Aspekte interner Zustände des Sprechenden, sie kann auch das Verhalten des Angesprochenen steuern. Ein Hilferuf z.b. veranlaßt womöglich andere Menschen, in einer bestimmten Weise zu handeln. Solche appellativen Bestandteile müssen keineswegs in Sätzen formuliert sein, wie »Hilfe!« oder »Bitte helfen Sie mir sofort!« Auch bestimmte Merkmale der Stimme – sogenannte »paralinguistische Signale« – können das Verhalten anderer beeinflussen (vgl. Kap. 11.4).

Mit der Darstellungsfunktion, der dritten Komponente des Bühlerschen Modells, gelangen wir nun zu derjenigen Leistung der menschlichen Sprache, die für unser Thema besonders wichtig ist. Mit Hilfe der Sprache lassen sich nämlich – so Bühler – Sachverhalte darstellen. *Eine Darstellung können wir beurteilen, ohne auf den Menschen, den Erfinder der Darstellung, zurückzugreifen.* Denken Sie zum Beispiel an eine Wegbeschreibung, die Sie in einer fremden Stadt von einem freundlichen Passanten erhalten. Dabei kommunizieren wir natürlich mit dieser Person, doch darüber hinaus versuchen wir, uns an der Darstellung – der Wegbeschreibung – zu orientieren. Mit einer *zutreffenden Darstellung* gelingt es uns, in der fremden Umgebung zurechtzukommen, nachdem wir uns von dem hilfsbereiten Passanten verabschiedet haben. Die Beschreibung kann allerdings in die Irre führen, z.B. weil sie einfach nicht stimmt oder schwer nachzuvollziehen ist. Daher läßt sie sich kritisieren und verbessern. Wir sehen an diesem Beispiel, daß Bühlers Theorie nicht alle Funktionen oder menschlichen Sprache umfaßt; sie ist, wie eben auch viele Wegbeschreibungen, unvollständig. Denn die *Kritik* an einer Darstellung kann keine

Darstellung sein, bezieht sie sich doch auf eine Darstellung. Deshalb liegt es eigentlich nahe, Bühlers Theorie um die *argumentative Funktion* (bzw. um die Funktion der Kritik) zu erweitern:[2] Wir argumentieren, sobald wir Sätze verwenden, die sich auf andere Sätze beziehen – auf *Sätze, die etwas über die Wirklichkeit aussagen,* z.b. einen Weg beschreiben.

Leider vollziehen kommunikationstheoretisch orientierte Arbeiten diesen Schritt zumeist nicht, denn die menschliche Sprache wird darin eben nur als Ausdruck und als Medium der Kommunikation betrachtet, nicht aber als ein Instrument, um bestimmte Objekte (Sätze bzw. Aussagen) zu prüfen.»Doch die Folgen davon sind verheerend. Denn wenn die gesamte Sprache bloß für Ausdruck und Kommunikation gehalten wird, dann läßt man all das außer acht, was für die menschliche Sprache im großen Unterschied zur tierischen Sprache charakteristisch ist: Ihre Fähigkeit, wahre und falsche Aussagen zu machen und gültige und ungültige Argumente vorzubringen.« (Popper/Eccles 1982: 87)

Die genannten Funktionen der Sprache – Ausdruck, Appell, Darstellung, Kritik – sind im Verlauf der Evolution nacheinander entstanden. Dabei ermöglicht erst die jeweils früher entstandene Leistung die spätere – ohne Ausdruck z.b. kein Appell –, doch dürfte es kaum möglich sein, die später aufgetretenen Funktionen vollständig auf die früheren zurückzuführen. Kritische Einwände beispielsweise haben auch darstellende (deskriptive) Komponenten, aber sie sind doch mehr als bloße Darstellungen.

Die menschliche Sprache macht es möglich, Ansichten über die Welt, Wünsche und Ideen in außersubjektive Gebilde, nämlich in Sätze zu transformieren. Sie löst damit den engen Zusammenhang zwischen den Lebewesen und deren Weltbildern auf. Was andere, nicht-menschliche Lebewesen über die Wirklichkeit wissen, bleibt dagegen Bestandteil ihres Organismus. Soweit Teile dieses Wissens (wie z.B. das Knacken von Nüssen bei

---

2 Eine solche Erweiterung schlägt Karl Popper vor in: *Objektive Erkenntnis*, Hamburg 1974[2].

Schimpansen) an Artgenossen weitergegeben werden, müssen die Objekte des Wissens (bei den Schimpansen z.B. die Nüsse und die Steine, um sie zu knacken) gegenwärtig sein – Lorenz (1973) nennt dies »objektgebundene Tradition«.

Die *Entkoppelung von organismischen Strukturen und Wissen* ist auch die Voraussetzung dafür, daß sich ein überindividueller Wissensspeicher herausgebildet hat, den die Menschen nicht mehr zu überblicken vermögen. Weil große Teile des Wissens nicht mehr an unseren Körper gebunden sind – wie bei den allermeisten anderen Lebewesen[3] –, können sich Wissensbestände rasch verändern, ohne daß sich entsprechende Wandlungsprozesse (kognitive ebenso wie Verhaltensänderungen) beim Menschen vollziehen[4].

---

3 Die Entkoppelung deutet sich bereits bei verschiedenen anderen Lebewesen an – so könnte man jedenfalls einige Ergebnisse der berühmten Schimpansen-Experimente von Gardner und Gardner sowie anderen Forschern deuten. Eine kritische Würdigung enthält die Arbeit von Eibl-Eibesfeldt, *Grundriß der vergleichenden Verhaltensforschung*, München 1987[7].

4 Mit diesem Problem beschäftigen sich viele Publikationen der letzten Jahrzehnte, z.B. Campbell 1975; Lorenz 1973.

Kapitel 2

Die Voraussetzungen vernünftiger Argumentation

I Rede, Gespräch, Diskussion – einige nützliche Unterscheidungen

Wenn wir uns mit der Kunst vernünftiger Argumentation beschäftigen, brauchen wir zum einen Hypothesen über Ereignisse und Prozesse, die beim Argumentieren eine Rolle spielen. Darüber hinaus müssen wir aber auch ein Modell entwickeln, an dem wir uns orientieren, ein Modell, das Regeln und Vorschläge enthält, wie wir uns verhalten sollen. Im folgenden ist deshalb zunächst von den Bedingungen die Rede, die vernünftige Diskussionen überhaupt erst möglich machen. Wenn Sie also zum Gelingen einer rationalen Debatte beitragen wollen, müßten Sie versuchen, diese Bedingungen herzustellen. Neben Diskussionen gibt es natürlich noch viele andere Redesituationen, in denen Argumente von Bedeutung sind. Daher empfiehlt es sich, mit Hilfe einer groben Klassifikation die vielfältigen Redesituationen zunächst einmal zu ordnen.

Bitte beachten Sie, daß die folgenden Unterscheidungen einigermaßen vage sind; vernünftige Argumente können – und sollten – in allen Redeformen und Gesprächsvarianten eine Rolle spielen. Schon deshalb wäre es nicht sinnvoll, strikte Abgrenzungen vorzunehmen.

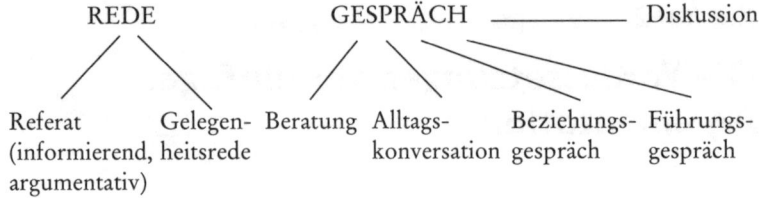

| REDE | | GESPRÄCH | —————— | Diskussion |

Referat   Gelegen-   Beratung   Alltags-   Beziehungs- Führungs-
(informierend, heitsrede   konversation   gespräch   gespräch
argumentativ)

Mit einer Rede wenden wir uns an ein mehr oder weniger schweigsames Publikum, dem wir etwas mitteilen wollen. Die Gelegenheitsreden – also z.b. eine Grabrede oder eine Rede während einer Hochzeitsfeier – dienen vor allem dazu, eine bestimmte Atmosphäre zu erzeugen.

Gespräche treten – mehr noch als Reden – in vielen Varianten auf. Die Beratung ist ein Spezialfall: Ein Klient erwartet von einem (professionellen, semi-professionellen oder nicht-professionellen) Berater Hilfe bei der Lösung bestimmter Probleme. In solchen Gesprächen ist es oftmals wichtig, die persönlichen Befindlichkeiten, die Hoffnungen, Ängste und Wünsche der Klienten zu berücksichtigen. Auch wenn zuweilen Gleichheit konstatiert wird – die Partner in einer Beratungssituation sind ungleich: Eine Person erwartet Hilfe, während die andere zu helfen versucht (auch die Hilfe zur Selbsthilfe ist eine Hilfeleistung). Die vorhandenen Unterschiede haben, obwohl dies gerne verschleiert wird, eine systematische Bedeutung; daher müssen sie in der Theorie und Praxis der Beratung entsprechend berücksichtigt werden.

Das gilt auch für sogenannte »Führungsgespräche«, d.h. Gespräche mit Mitarbeitern eines Unternehmens oder einer Institution – die soziale Hierarchie kann dazu führen, daß vernünftige Argumente nicht zum Zuge kommen. Beziehungsgespräche, also Auseinandersetzungen zwischen Personen, die sich nahe stehen, entwickeln ihre eigene Dynamik, zu deren Erforschung kommunikationspsychologische Arbeiten viel beigetragen haben.[1]

---

1 Am bekanntesten sind die einschlägigen Arbeiten von Watzlawick (z.B. Watzlawick/Beavon/Jackson 1974[4]; Watzlawick/Weakland 1990).

Bei Alltagskonversationen steht die soziale Funktion im Vordergrund: Sie tragen dazu bei, Beziehungen zu stabilisieren (ohne daß die Beziehung zum Thema gemacht wird). Außerdem sind sie ein Mittel, um Kontakte herzustellen und Beziehungen aufzubauen – z.b. redet man über das Wetter und lernt sich dabei kennen. Zu dieser Art von Gesprächen gehört auch der Klatsch, ein Mechanismus sozialer Kontrolle, der das Gefühl der Verbundenheit stärkt, aber durchaus auch destruktive Auswirkungen haben kann (Tannen 1993).

Aus Alltagskonversationen entwickeln sich häufig bereits kleine Diskussionen, wenn ein Problem, eine Frage formuliert und eine Antwort gesucht wird. Grundsätzlich können wir nicht-öffentliche von öffentlichen Diskussionen unterscheiden, die als solche veranstaltet und entsprechend vorbereitet werden. Damit Diskussionen gelingen, müssen verschiedene Bedingungen erfüllt werden; insbesondere sollten wir einige Spielregeln beachten.

2 Spielregeln

Im ersten Kapitel haben wir bereits die wichtigste Voraussetzung rationalen Argumentierens kennengelernt – die Möglichkeit, Ideen mittels der Sprache von den Personen abzukoppeln. Doch die Diskussionsteilnehmer müssen auch bereit sein, diese Option zu nutzen. *Der Verlauf einer Diskussion hängt in hohem Maße davon ab, ob es uns gelingt, die Argumente auf die Sätze bzw. die Aussagen der anderen zu beziehen.*[2]

Doch die Orientierung an den Aussagen – so wichtig sie ist – reicht noch nicht aus, um eine vernünftige Argumentation zustandezubringen. In Diskussionen geht es ja nicht darum, irgendwelche beliebigen Sätze zu formulieren und zu kritisieren. Ausgangspunkt jeder argumentativen Auseinandersetzung sind

---

2 Dennoch ist es ratsam, auf die ablaufende Kommunikation, auch auf ihre Störungen zu achten (vgl. Kap. 12).

Probleme, für die wir eine Lösung, *Fragen*, auf die wir eine Antwort suchen. Im Verlauf von Diskussionen gelingt es aber häufig nicht, den Bezug zu den Problemen aufrechtzuhalten – wir verlieren das oder die Probleme, um deren Lösung wir ringen, aus den Augen. Deshalb lohnt es sich, hin und wieder zu prüfen, ob die Argumente überhaupt noch etwas mit dem Problem oder dem Thema der Diskussion zu tun haben.

Allerdings muß hierbei beachtet werden, daß so gut wie jedes Problem die Tendenz hat, neue Probleme, neue Fragen und Schwierigkeiten hervorzubringen: *Probleme pflanzen sich fort.* Die Entdeckung neuer – unerwarteter – Probleme im Verlauf einer Diskussion ist grundsätzlich positiv zu bewerten. Wir haben nämlich etwas dazugelernt, auch wenn dabei neue Schwierigkeiten aufgetaucht sind. Zum Beispiel kann sich während einer Debatte herausstellen, daß eine geplante Maßnahme viele unerfreuliche Nebenwirkungen hervorrufen würde. Übrigens spielt die Bezugnahme auf das oder die Probleme eine außerordentlich wichtige Rolle beim *Verstehen* von Theorien und Handlungsweisen. Wir verstehen eine Theorie, aber auch einen Verbesserungsvorschlag, wenn wir uns klarmachen, welche Probleme damit gelöst bzw. welche Fragen damit beantwortet werden sollen.

Die Spielregeln einer Debatte dienen dazu, die Darlegung und die kritische Prüfung von Aussagen zu erleichtern. Daran – ob sie diese Funktion erfüllen – sollten wir die Regeln in der Praxis messen. Regeln sind allerdings keineswegs unumstößlich: Wir können neue Regeln erfinden und anwenden, wenn wir den Eindruck haben, daß sie unter bestimmten Bedingungen den Fortgang rationaler Debatten begünstigen.

Die beiden wichtigsten Regeln ergeben sich schon aus den vorangegangenen Ausführungen: 1. Beziehe Deine Argumente und die Fragen auf Aussagen und nicht auf Personen. 2. Orientiere Dich an den Problemen bzw. Fragen, die Anlaß der Diskussion sind. Hin und wieder erfordert es die Problemsituation, von der ersten Regel abzuweichen. Beispielsweise könnte es wichtig sein, genau zu wissen, wie ein Gesprächspartner in einer bestimmten Situation gehandelt hat. So wollen wir vielleicht herausfinden, warum es einem Diskussionsteilnehmer gelungen ist, einen Verkehrsunfall zu verhindern. Was die zweite Regel angeht, ist nicht in jedem Fall eindeutig zu entscheiden, ob die Regel beachtet bzw. verletzt wird. Denn zum Bestandteil einer Kontroverse kann auch die Frage werden, ob eine Aussage (noch) für die Erörterung des Themas relevant ist. Manchmal hören wir dann auch etwas vorschnell Bemerkungen wie diese: »Das gehört nicht zum Thema.« oder: »Bleiben Sie bei der Sache!«. Aufgrund der Komplexität vieler Wirklichkeitsbereiche können aber Aussagen, die weit hergeholt zu sein scheinen, durchaus einen Bezug zum Thema haben. Trotzdem ist diese Regel wichtig. Sie soll uns veranlassen, den Gegenstand der Diskussion, die Frage, das Problem, nicht aus dem Blick zu verlieren.

Diskussionsregeln sollen auch dazu beitragen, die bestehenden Ungleichheiten zwischen den Teilnehmern zu neutralisieren, so beispielsweise die folgende Variante der Regel Nr. 1: Achte auf die Beiträge (Aussagen) und nicht auf den Status der Person. Die Begrenzung der Redezeit kann ebenfalls dazu beitragen, den Einfluß solcher Merkmale wie Status, Geschlecht, Alter usw. zurückzudrängen. Eine weitere sehr wichtige Regel betrifft die Präsentation: Sprich so einfach und so klar wie möglich! Leider wenden nicht allzu viele Leute diese Regel an. Hierfür sind vermutlich drei Umstände verantwortlich: 1. Die dazu erforderlichen Kompetenzen bzw. Techniken scheinen nicht allgemein zur Verfügung zu stehen. Wir werden uns deshalb im 11. Kapitel mit diesem Thema etwas ausführlicher beschäftigen. 2. Noch immer haben (zumindest in Deutschland) Auffassungen einen Einfluß, denen zufolge die Darstellung wichtiger, bedeutender Ideen eine komplizierte Ausdrucksweise erforderlich macht (Kap. 11.3). 3. Manchmal werden undurchsichtige, verwickelte Formulierungen verwendet, um Eindruck zu schinden, zuweilen wohl auch, um die anderen Teilnehmer zu verwirren.

3 Soziale Kontexte

Gespräche, Debatten und Vorträge finden unter sehr verschiedenen sozialen Bedingungen statt; unter Bedingungen, die sich günstig, und solchen, die sich ungünstig auswirken. Selten sind die Situationen, in denen ausschließlich der »zwanglose Zwang des besseren Argumentes« (Habermas 1981: 47) zur Wirkung gelangt. Meistens müssen wir noch mit anderen Zwängen und Störfaktoren zurechtkommen. Diese können wir folgendermaßen klassifizieren:

1. *Zeitdruck.* In Anbetracht unserer Endlichkeit dürfte die Zeit wohl die knappste aller Ressourcen sein (Marquard 1992). Wir können nicht beliebig lange debattieren. Deshalb ist die Entlastung vom Handlungs- und Erfahrungsdruck, die Habermas (1981) als eine Voraussetzung vernünftiger Argumentationen betrachtet, stets von relativ kurzer Dauer. Oft führen wir eine Diskussion, weil wir eine Entscheidung fällen müssen; Terminzwänge überschatten häufig den Verlauf einer Debatte. Entgegen einer immer wieder zu hörenden resignativen Meinung hilft gerade in diesen Fällen die Kunst vernünftiger Argumentation weiter. Sie trägt nämlich dazu bei, die prinzipiell knappe Zeit zum Lösen von Problemen und zur Entscheidungsfindung wirklich auszunützen.

2. *Macht.* In vielen Gesprächssituationen werden die bestehenden Unterschiede zwischen den Teilnehmern nicht genügend neutralisiert. Das gilt besonders für innerbetriebliche Besprechungen, an denen Vorgesetzte bzw. Führungskräfte teilnehmen. Die argumentative Qualität einer solchen Veranstaltung hängt begreiflicherweise auch von den Zielen derjenigen ab, die sich in einer privilegierten Position befinden. Geht es z.B. darum, eine geeignete Maßnahme zu finden, um ein wichtiges Unternehmensziel zu erreichen, werden intelligente Vorgesetzte bemüht sein, günstige Bedingungen für eine Diskussion zu schaffen. Mögliche Einflüsse der – objektiv vorhandenen – Statusunterschiede auf den Verlauf der Debatte müssen zurückgedrängt werden. Hierfür kommen verschiedene Arrangements in

Frage, die sich von den ansonsten üblichen Abläufen im Betrieb unterscheiden, also zum Beispiel: Die Diskussion findet an einem neutralen Ort statt – und nicht im Büro des Vorgesetzten. Eine ähnliche, den Einfluß von Statusunterschieden zurückdrängende Funktion kann es haben, wenn eine Kollegin, die von den anstehenden Entscheidungen nicht betroffen ist, die Leitung der Diskussion übernimmt – und nicht der Vorgesetzte, der selber einen bestimmten Vorschlag ins Spiel bringt.

Sobald die Durchsetzung bestimmter Interessen das Ziel der Zusammenkunft ist, sinken natürlich die Chancen, eine vernünftige Debatte zustandezubringen. Das bedeutet aber nicht, daß es völlig aussichtslos wäre, die Kunst rationalen Argumentierens einzusetzen.

3. *Mangelnde Kompetenzen.* Wir alle, Sie und ich, sind in vieler Hinsicht mehr oder weniger inkompetent – denken Sie nur an die über 4.000 wissenschaftlichen Disziplinen.[3] Daher sollten wir die Wissenslücken der jeweils anderen mit einer gewissen Milde betrachten (sofern sie uns überhaupt auffallen), während wir mit den eigenen Mängeln und Irrtümern durchaus ein wenig strenger verfahren dürfen. Da auch beim Argumentieren ständig Fehler begangen werden, ist es nicht sinnvoll, hinter jedem falschen Zug eine finstere Absicht zu vermuten. Doch wir sollten in der Lage sein, möglichst viele schwerwiegende Fehler zu bemerken und die richtigen Gegenzüge zu machen. Tatsächlich hängen die wirklich ernsten Fehler nicht mit mangelndem Fachwissen zusammen, sondern mit dem Unvermögen, auf eine rationale, am Erkenntnisgewinn ausgerichtete Weise zu argumentieren.

4. *Vernünftige Haltung.* Das Unvermögen, das ich gerade erwähnt habe, geht nur teilweise auf fehlende Kenntnis der Techniken des vernünftigen Argumentierens zurück. Oft mangelt es an der *Bereitschaft, kritische Prüfungen überhaupt zuzulassen,*

---

3 Die Zahl steht im Fächerkatalog des Hochschulverbandes, den Mittelstraß in der Denkschrift *Geisteswissenschaften heute* heranzieht (Frühwald u.a. 1991: 16).

insbesondere, wenn die eigenen liebgewordenen Überzeugungen zur Debatte stehen. Diese Haltung wird durch eine Reihe von Faktoren begünstigt. So kollidiert die Suche nach Erkenntnis, nach argumentativ plausibel gemachten Aussagen, manchmal mit bestimmten Interessen, aber auch mit Hoffnungen und Wünschen. Zum Beispiel könnte eine öffentlich ausgetragene Debatte (oder ein Forschungsprojekt) über verschiedene Aspekte der Kirchengeschichte sowohl den Interessen bestimmter kirchlicher Kreise als auch den Wünschen von gläubigen Kirchenanhängern zuwiderlaufen.

Ob eine *interessenabhängige Geringschätzung von Argumenten* tatsächlich dazu dient, eigene Interessen zu verfolgen und durchzusetzen, ist eine andere Frage. So mag es durchaus im Interesse von Amtsträgern der Kirche liegen, Argumente abzuwehren, die darauf hinauslaufen, bestimmte Reformen durchzuführen. Andererseits führt dieses interessenabhängige Verhalten womöglich dazu, daß noch mehr Menschen aus der Kirche austreten.

Weitere Gründe für die fehlende Bereitschaft, aus Argumenten zu lernen, sind vielleicht Unsicherheit, das Unbehagen, das kognitive Veränderungen mit sich bringen können, oder auch nur Bequemlichkeit. Geht es um normative Aussagen, die mit Wertüberzeugungen korrespondieren, erlischt bei einigen Leuten sogar die Bereitschaft, auch nur zuzuhören. Manchmal spielen enttäuschte Erwartungen eine Rolle – nicht wenige Menschen haben das Gefühl, daß Diskussionen »nichts bringen«. Schon deshalb ist es erforderlich, die Grenzen vernünftiger Argumentation zu kennen.

4 Die Grenzen vernünftiger Argumentation

Zunächst einmal dürfte es kaum gelingen, jemanden mit Argumenten zu überzeugen, der überhaupt nicht auf Argumente hören will. Es sieht demnach so aus, als setze jede vernünftige

Diskussion bereits die Entscheidung aller Beteiligten voraus, sich darauf einzulassen. Oft erleben wir aber auch, daß erst im Verlauf einer Diskussion die Bereitschaft zusammenbricht, vernünftig zu argumentieren. Hin und wieder mag es gelingen, die Bereitschaft wieder zu wecken, indem wir Beziehungsaspekte thematisieren, also z.b. vorsichtig fragen, weshalb ein Teilnehmer auf die Einwände eines anderen so aggressiv reagiert. Es gibt aber keine praktikable Regel, die uns sagt, wann es überhaupt sinnvoll ist, Fragen der Beziehung zu klären.

Eine sehr bekannte Regel der Themenzentrierten Interaktion (TZI) empfiehlt, den Störungen den Vorrang zu geben[4], also erst auf die Störungen einzugehen und danach das Thema weiter zu erörtern. Doch diese Regel hilft in Diskussionen kaum weiter, weil *ständig* irgendwelche Störungen auftreten. Einige Leute haben diese TZI-Regel auch fälschlicherweise zum Anlaß genommen, in der Klärung der Beziehungen die Hauptaufgabe aller möglichen Gesprächsvarianten zu sehen. Es ist demgegenüber sehr oft ratsam, einigermaßen gelassen mit den Störungen zu leben, sie unter Umständen auch zu bagatellisieren.

Eine weitere Grenze für die Möglichkeiten vernünftiger Argumentation ergibt sich daraus, daß es im Rahmen einer Debatte selbstverständlich nicht möglich ist, bestimmte Prüfschritte – etwa Experimente, Messungen oder die Durchsicht von Dokumenten – zu vollziehen. Jemand mag behaupten, in Weinbauregionen sei die Nitratbelastung des Grundwassers höher als in anderen Gegenden; er erinnert sich dabei vielleicht an eine kürzlich durchgeführte Untersuchung. Während einer Diskussion können wir diese Behauptung nur im Lichte von Hypothesen betrachten – so erscheint es uns z.B. plausibel, daß dort, wo viel gedüngt wird (wie in Weinbauregionen) mehr Nitrate ins Wasser gelangen. Darüber hinaus besteht die Möglichkeit, *Prüf-*

---

4 Die von Ruth Cohn vorgeschlagenen TZI-Regeln werden in der Praxis oft – entgegen den Intentionen der Autorin – einseitig angewendet (vgl. Birmelin u.a. 1990[2]).

schritte zu vereinbaren, also z.B. in dem veröffentlichten Bericht nachzulesen oder Wasserproben zu untersuchen bzw. untersuchen zu lassen.

Eine Hoffnung, die oft enttäuscht wird, richtet sich auf den Ausgang von Debatten – sie enden eben selten mit einer Übereinkunft. Es ist aber ohnehin fragwürdig, den Verlauf einer rationalen Diskussion am Konsens zu orientieren. Im Gegenteil: Die Lust an der Übereinstimmung – ein Aspekt unseres problematischen Strebens nach Harmonie – blockiert nicht selten fruchtbare Auseinandersetzungen. In solchen Fällen sollten wir sogar Maßnahmen ergreifen, um einen vorschnellen Konsens zu vereiteln (Geißner 1986). Eine rationale Argumentation kann niemals ein Mittel sein, um Sicherheit und Gewißheit zu erlangen. Aber es ist möglich und vernünftig, unsere Entscheidungen durch kritische Argumente einzugrenzen. Wir lernen beim Argumentieren, und es wäre unvernünftig, noch mehr zu erwarten.

Übrigens ist die vernünftige Argumentation kein Mittel, um garantiert gute Ideen – Thesen, Argumente, Gegenargumente – zu gewinnen.[5] Denn die Aufgabe vernünftigen Argumentierens besteht ja gerade darin, unsere Ideen zu prüfen und also möglicherweise auch zu verwerfen. Allerdings hilft uns eine gelungene Diskussion dabei, Argumente zu finden, neue Fragen zu stellen und überraschende Antworten zu geben – sie kann also gute Ideen provozieren. Im übrigen ist es durchaus möglich, auch das Denken zu trainieren (Dörner 1989).

Streß, starke Betroffenheit, ein ungeduldiger Diskussionsleiter gehören zu den Umständen, die vernünftige Auseinandersetzungen in der Praxis erschweren. Was Diskussionsleiter tun können, um den Verlauf einer Debatte günstig zu beeinflussen, erörtern wir in dem nun folgenden Abschnitt.

---

5 Aber wir verfügen über Arrangements, die gute Einfälle begünstigen können, wie z.B. brain storming. Vgl. auch Kapitel 11.

5 Diskussionsleitung – einige Hinweise für die Praxis

Wer Diskussionen leitet, hat – noch bevor eine Diskussion anfängt – die Chance, günstige Voraussetzungen zu schaffen. Falls Sie des öfteren eine Diskussion moderieren (müssen), betrachten Sie die folgenden Anmerkungen als Empfehlungen, als Faustregeln, die Sie unter bestimmten Bedingungen verändern oder ergänzen können.

Manchmal kommen die Teilnehmer mit unklaren Vorstellungen über das Thema zu einer Diskussionsrunde. Nennen Sie daher schon im voraus das *Problem* bzw. die Probleme, die erörtert werden sollen. Es reicht meistens nicht aus, bloß ein Thema anzugeben, weil viele Themen sehr aspektreich sind. Stehen beispielsweise die moralischen Fragen im Vordergrund, also Fragen danach, wie wir handeln sollen, oder geht es in erster Linie darum, die Vorzüge und Mängel einer bestimmten Theorie zu diskutieren (vgl. Kap. 5)? Sollen auch Lösungsmöglichkeiten für die Praxis erörtert werden? Obwohl es natürlich keine Garantie dafür gibt, daß sich die eingeladenen Diskussionsteilnehmer daran halten, tragen diesbezügliche Abmachungen doch in vielen Fällen zum Gelingen einer Debatte bei.

Um die Ungleichheit der Beteiligten zu neutralisieren, sollten Sie auf eine Sitzordnung achten, die nicht von persönlichen Merkmalen beeinflußt ist. Es ist insbesondere sinnvoll, die Begrüßung und die Vorstellung der Teilnehmer *unabhängig von persönlichen Attributen* zu gestalten. Zum Beispiel sollten Sie nicht zuerst die Frauen und danach die Männer vorstellen, oder erst die Teilnehmer mit, dann diejenigen ohne Diplom. Verdeutlichen Sie, bevor die Debatte beginnt, die mit dem Thema verknüpften Probleme! Als Diskussionsleiterin bzw. Diskussionsleiter sollten Sie die verschiedenen Sorten von Aussagen, die wir im 3. Kapitel besprechen werden, gut kennen. Sie sind dann in der Lage, dem häufigen Vagabundieren zwischen den Aussagetypen Einhalt zu gebieten. Während der Diskussion können Sie viel dazu beitragen, daß die Teilnehmer aussagenorientiert argumentieren. Dabei helfen Ihnen Aufforderungen wie zum Beispiel: »Bitte reden Sie nicht über Frau Müllers Motive, sondern versuchen Sie zu zeigen, weshalb ihre Argumente nicht stimmen.«

Vieles spricht dafür, in der Rolle eines Diskussionsleiters neutral zu bleiben, also keine Stellung zu den behandelten Problemen zu beziehen. Mit einer distanzierten Haltung gelingt es eher, die Bedingungen für eine rationale Argumentation herzustellen. Falls Sie selbst mitdiskutieren, müssen Sie diesen Sachverhalt unmittelbar vor Beginn der Debatte im Zusammenhang mit den Spielregeln bekanntgeben. Schreiben Sie, um die Reihenfolge der Wortmeldungen zu wahren, Ihren eigenen Namen auf die Rednerliste, sofern Sie einen Beitrag leisten wollen, der über Ihre Aufgabe als Diskussionsleiterin bzw. Diskussionsleiter hinausgeht.

Weil irgendwelche Störungen des Diskussionsprozesses so gut wie immer im Spiel sind, stellt sich die Frage, wann Sie als Diskussionsleiter intervenieren sollen. Auch hierfür gibt es keine einfache Regel, die in allen Situationen praktikabel wäre. Prüfen Sie, ob die Störung bzw. der Fehler den Fortgang der Auseinandersetzung wirklich gefährdet. Es gibt Diskussionsleiter, die – aus Angst, die Kontrolle zu verlieren – eine Debatte zu sehr steuern, die also z.B. auf jeden Zwischenruf reagieren und auch dann konsequent auf Wortmeldungen bestehen, wenn die Diskussion sehr ruhig und aussagenorientiert abläuft. Auf jeden Fall sollten Sie aber eingreifen, wenn der Bezug zum Problem und die Orientierung an den Aussagen verlorengehen.

Eine weitere Schwierigkeit ist, daß die Teilnehmer, wie wir schon festgestellt haben, manchmal der Sehnsucht nach einem Konsens erliegen und eine *argumentativ nicht gedeckte Einigkeit* demonstrieren. Dann ist es ratsam, auf widersprüchliche Aussagen hinzuweisen oder Fragen zu stellen, deren Beantwortung noch ansteht, um so den notwendigen Austausch von Argumenten wieder in Gang zu bringen.

Vielleicht hilft Ihnen das folgende Schema weiter, das den Ablauf einer (öffentlichen) Podiumsdiskussion darstellt:

Anreden (z.B.: »Meine Damen und Herren, ...«)

Begrüßen der Gäste/Zuhörer

Thema nennen (Probleme hervorheben)

Spielregeln bekanntgeben

Diskussionsteilnehmer kurz vorstellen

Wort erteilen:	Jeder Mitspieler trägt *kurz* seine(n) These/Standpunkt vor.
Diskussion	(Beziehen Sie nach einer Weile das Publikum mit ein.)
Abschließende Bemerkungen machen, evtl. *kurz* zusammenfassen	(Offene Fragen/Kontroversen hervorheben, auch Ergebnisse erwähnen)

Kapitel 3

Aussagen – eine Klassifikation

Im folgenden geht es darum, diejenigen Aussagen zu ordnen, die in Diskussionsprozessen zur Prüfung anstehen. Das ist ein wichtiger Schritt. Denn die verschiedenen Typen von Aussagen müssen unterschiedlich behandelt werden; sie beziehen sich auf verschiedene Dinge. Deshalb existiert kein Standardverfahren, mit dessen Hilfe wir alle möglichen Aussagen prüfen könnten: Jeder Aussagetypus verlangt spezielle Verfahren der kritischen Überprüfung. In den Kapiteln 4, 5 und 6 werden wir von der im folgenden dargestellten Klassifikation Gebrauch machen.

I Informative Aussagen

In jeder Diskussion, jedem Gespräch, jeder Rede und in fast jedem Text treten Behauptungen über Ereignisse, Zustände und Prozesse auf: Hypothesen über bestimmte Aspekte der Wirklichkeit. »Die Besiedelung des amerikanischen Kontinents begann vor mehr als 10.000 Jahren.« »Wenn Kinder in der Nähe von Hochspannungsleitungen aufwachsen, wächst ihr Risiko, an Leukämie zu erkranken.« »In unserem Betrieb arbeiten 25 Leute, 10 Frauen und 15 Männer.« Obgleich gewisse Unterschiede bestehen, trifft für alle Aussagen dieser Art zu, daß sie etwas über die Welt behaupten. Etliche dieser Aussagen sind in einer Diskussion unstrittig. Sie werden nicht thematisiert, weil sie z.B. gar nicht bemerkt werden, vielleicht auch weil die Betei-

34

ligten diese Aussagen für trivial, selbstverständlich halten oder weil sie gut geprüft zu sein scheinen. Andere Aussagen, andere Behauptungen über die Wirklichkeit stehen dagegen zur Debatte. Keineswegs verknüpfen diejenigen, die eine Aussage oder eine Theorie vortragen, damit immer auch die Behauptung, daß diese Aussagen zutreffen. Hin und wieder werden informative Aussagen von vornherein als fragwürdige Vermutungen ins Spiel gebracht. Das hängt zumeist davon ab, wie stark ein Teilnehmer von der Wahrheit einer Aussage überzeugt ist. Jemand sagt zum Beispiel: »Gelegentlich wird behauptet, daß der sogenannte ›Elektrosmog‹ unser Immunsystem schwächen kann. Was halten Sie davon?«

Der *Glaube* an eine Aussage steht selbst nicht zur Diskussion, und die Festigkeit des Glaubens ändert auch nichts an der Qualität irgendeiner Aussage. Falls jemand mit Nachdruck sagt: »Strom in Hochspannungsleitungen macht die Kinder wirklich krank«, gibt er damit seine mehr oder weniger feste Überzeugung preis. Die Aussage an sich wird dadurch weder schlechter noch besser, weder wahr noch falsch.

Vermutlich denken die meisten Menschen – trotz der Popularität relativistischer Auffassungen –, daß die Aussagen, die uns gerade beschäftigen, irgendwie der Wirklichkeit entsprechen bzw. nicht entsprechen. Das zeigen nicht zuletzt einige Formulierungen, die recht häufig gebraucht werden, beispielsweise: »Die These, daß Elektrosmog krank macht, stimmt nicht mit der Wirklichkeit überein.« Es ist indes in hohem Maße kontrovers, auf welche Weise (und ob überhaupt) sich Aussagen auf die Wirklichkeit beziehen können. Doch diese Problematik klammern wir vorerst ganz aus[1] – im 5. und 7. Kapitel werden wir einige Aspekte des Themas aufgreifen.

---

1 Es liegen verschiedene – konkurrierende – Wahrheitstheorien vor. Die Korrespondenztheorie z.B. begreift Wahrheit als eine Übereinstimmung von Aussagen mit der Wirklichkeit. Die Frage, wie wir uns diese Beziehung vorzustellen haben – ja, ob sie überhaupt existiert –, wird unterschiedlich beantwortet. Eine andere Theorie, die sog. Redundanztheorie, enthält den Vorschlag, auf die Verwendung des Ausdrucks »wahr« ganz zu verzichten.

Innerhalb der Gruppe informativer Aussagen sind noch weitere Unterscheidungen möglich. So gibt es Sätze, die bestimmte Zusammenhänge zwischen Ereignissen oder Prozessen behaupten, z.B.: »Wenn die durchschnittliche Temperatur auf der Erde zunimmt (um soundsoviel Grad), dann steigt der Meereswasserspiegel.« Andere Sätze beginnen mit dem Wort »alle«; sie beziehen sich auf stabile Regelmäßigkeiten in der Wirklichkeit: »Alle Planetenbahnen sind Ellipsen.« Eine weitere Sorte informativer Aussagen hat die Existenz eines Sachverhalts oder eines einzigartigen Ereignisses zum Inhalt: »Es gibt Quastenflosser.« Wiederum andere Aussagen informieren über singuläre historische Prozesse: »Die Ideale der josephinischen Aufklärung konnten sich beim Adel, der um seine Privilegien bangte, nicht durchsetzen.« Wir sollten einzelne, isolierte Aussagen über die Wirklichkeit – wie etwa die Behauptung, daß Quastenflosser existieren – von *Theorien* unterscheiden, die wir am besten als Geflechte, als *Netze von Aussagen* begreifen, die in logischen Beziehungen zueinander stehen. Alle informativen Aussagen stimmen aber in einem wesentlichen Merkmal überein: *Sie sagen uns, wie die Welt (vermutlich) ist.*

2 Aussagen über Mittel

Demnach können wir Theorien als Versuche auffassen, die Welt bzw. einige Aspekte der Welt (des Kosmos, der Kultur usw.) zu verstehen[2]. Doch wir bemühen uns ja darüber hinaus, die Wirklichkeit zu beeinflussen, zu verändern. Beispielsweise raten wir einer Freundin, die an Magenschleimhautentzündung erkrankt ist, Entspannungsübungen zu machen. Diesem Vorschlag liegt die Vermutung zugrunde, daß ein Zusammenhang zwischen

---

2 Die bekannte Unterscheidung zwischen Verstehen und Erklären – ein Thema endloser Auseinandersetzungen – sollte keinesfalls dramatisiert werden. Wichtige Beiträge zu dieser Debatte stammen u.a. von Dilthey, Max Weber, Apel und Albert.

Streß und derartigen Entzündungsprozessen besteht. Im Alltag lassen wir uns oft, wie in diesem Beispiel, von intuitiv naheliegenden Annahmen leiten, die in vielen Fällen nicht einmal sprachlich formuliert werden. Doch wenn viel von der Wahl eines Mittels abhängt, ist es vernünftig, auf bewährte, gut geprüfte Theorien zurückzugreifen. Das heißt aber nicht, daß uns die Intuitionen stets in die Irre führten; Intuitionen spielen eine wichtige Rolle bei der Gewinnung von Hypothesen. Doch das, was intuitiv einleuchtet, sollte sprachlich formuliert und kritisch geprüft werden.

Diskussionen kreisen oft um die Frage, ob eine vorgeschlagene Maßnahme tatsächlich geeignet ist, die Wirklichkeit in der gewünschten Weise zu beeinflussen. Obwohl die Aussagen über Mittel ebenfalls etwas über die Welt behaupten, dürfen wir sie nicht mit den Hypothesen, den informativen Aussagen gleichsetzen. Mittel-Aussagen werden aus Theorien entwickelt – und zwar im Hinblick auf bestimmte Ziele, die als erstrebenswert gelten. Die Qualität der Mittel-Aussagen hängt natürlich unter anderem davon ab, ob die verwendeten Theorien die betreffenden Zusammenhänge in der Welt zutreffend beschreiben und erklären.

3 Normative Aussagen

Während informative Aussagen die Welt so darstellen, wie sie vermutlich ist, geht es bei normativen Aussagen um das Problem, wie die Welt sein *sollte* und wie die Menschen handeln *sollten*. Der Satz »Die Einkommensunterschiede in der Bundesrepublik sollten verringert werden« hat normativen Charakter. Das Beispiel zeigt, daß normative Aussagen informative Komponenten enthalten. Diese können abgetrennt und als informative Aussagen erörtert und geprüft werden: »In der Bundesrepublik gibt es Einkommensunterschiede« ist eine informative Komponente unserer normativen Aussage. Wir sehen bereits an diesem einfachen Beispiel, daß die kritische Prüfung der informativen Teile normativer Aussagen durchaus letztere mit betreffen kann. Nehmen wir nur einmal an, in der Bundesrepublik existierten überhaupt keine – oder allenfalls geringe – Einkommensunterschiede (was natürlich abwegig ist). In diesem Fall verlöre die normative Aussage schon deshalb ihre Plausibilität, weil die Wirklichkeit bereits so wäre, wie sie dieser Aussage zufolge sein sollte.

Der Satz »Du sollst nicht töten« hat ebenfalls normativen Charakter. Weder beschreibt er, wie sich Menschen tatsächlich verhalten, noch erklärt er, unter welchen Bedingungen bestimmte Verhaltensweisen auftreten. Er stellt lediglich eine Verhaltensregel auf. Um normative Sätze handelt es sich auch bei den sogenannten *Werturteilen* wie »Es ist gut (im moralischen Sinn), daß Frau Müller den Unfall verhindert hat« oder: »Abtreibung ist verwerflich.«

Informative Aussagen können sich als falsch erweisen, wohingegen normative Aussagen *weder wahr noch falsch* sind. Lediglich auf deren informative Bestandteile bezogen ist es sinnvoll zu fragen, ob diese mit der Wirklichkeit übereinstimmen. Hin und wieder treten Schwierigkeiten bei der Unterscheidung dieser Aussagetypen auf. Das passiert insbesondere, wenn die Diskussionsteilnehmer Ziele und damit normative Aussagen darlegen und entsprechende Mittel vorschlagen, um diese zu erreichen. Denn »Mittel können *auch* um ihrer selbst geschätzt werden. *Dann sind sie selber letzte Zwecke und zugleich Mittel zu anderen Zwecken.*« (Keuth 1989: 145) Betrachten wir hierzu folgendes Beispiel: Die leitenden Angestellten eines Unternehmens vereinbaren mit der Arbeitnehmervertretung, das Betriebsklima zu verbessern. Sie analysieren die Situation – unter anderem berücksichtigen sie die Klagen der Betriebsangehörigen. Um das angestrebte Ziel zu erreichen, macht jemand den Vorschlag, Nichtraucherzonen zu schaffen. Was in diesem Zusammenhang ein Mittel ist, läßt sich auch als Teilziel interpretieren. Mit der Aussage »Laß uns doch Nichtraucherzonen einrichten, um unserem Ziel näherzukommen« wird ein Mittel vorgeschlagen, das zugleich einen wünschenswerten – noch nicht realisierten – Zustand darstellt. Wenn wir auf den Kontext einer Debatte achten, entstehen hierbei aber keine Schwierigkeiten – im vorliegenden Fall unterscheiden wir einfach das vage formulierte globale Ziel von den Teilzielen.

4 Meta-Aussagen

Mit einer Aussage beziehen wir uns auf Aspekte der Wirklichkeit: »Je höher die Lebenserwartung ist, desto höher ist auch die Krebssterblichkeit.« Die menschliche Sprache macht es darüber hinaus möglich, *Aussagen über Aussagen,* Meta-Aussagen, zu formulieren. (Übrigens kann man auch Aussagen über Aussagen über Aussagen usw. konstruieren. Es scheint hierbei keinen Haltepunkt zu geben.) Sobald wir kritische Einwände erheben oder eine Aussage verteidigen, beziehen wir uns auf Aussagen und bringen dabei Meta-Aussagen ins Spiel. Hier zwei Beispiele für Meta-Aussagen: 1. »Die Aussage ›Je höher die Lebenserwartung, desto höher die Krebssterblichkeit‹ hält einer kritischen Prüfung nicht stand.« 2. »Die von Ihnen vorgebrachte Aussage ›Allen Menschen sollte es gut gehen‹ ist nicht konkret genug.« Nicht nur Aussagen, sondern auch Meta-Aussagen können klassifiziert werden. Meta-informative (oder meta-theoretische) Aussagen beispielsweise beziehen sich auf informative Aussagen.

Typen von Aussagen		Testfragen/Gültigkeit
Aussagen	Meta-Aussagen	
informative	Aussagen über informative Aussagen	Stimmt das? (Wahrheit)
Mittel-A.	Aussagen über Mittel-Aussagen	Funktioniert das? (Geeignetheit)
normative	Aussagen über normative Aussagen	Soll das so sein? Ist das gut so? (Erwünschtheit)

Dieses einfache Schema faßt die Überlegungen des 3. Kapitels zusammen. In der rechten Spalte finden Sie die jeweiligen Testfragen für die drei Arten von Aussagen (vgl. Kap. 5). So möchten wir z.b. herausfinden, ob die Behauptung über den Zusammenhang von Lebenserwartung und Krebsmortalität tatsächlich stimmt, *ob sie wahr ist*. Befassen wir uns dagegen mit normativen Aussagen, steht nicht die Wahrheit, sondern die *Erwünschtheit* bzw. das *Sollen* im moralischen Sinn zur Debatte. Und bei den Mittel-Aussagen interessiert uns natürlich, inwieweit die vorgeschlagenen Maßnahmen *geeignet* sind, die Wirklichkeit in der erwünschten Weise zu beeinflussen. Vielleicht haben Sie beim Lesen dieses Kapitels die kritische Frage gestellt, ob die Unterscheidung zwischen normativen und informativen Aussagen so ohne weiteres gelingt. Spielen nicht bei allen Aussagen und Theorien über die Welt irgendwelche Wertungen und Interessen eine Rolle? Dieses Problem werden wir im 5. Kapitel aufgreifen.

Kapitel 4

Aussagen, Begriffe, Definitionen

In den vorausgegangenen Kapiteln war oft von Aussagen die Rede. So habe ich Ihnen unter anderem vorgeschlagen, sich beim Argumentieren stets auf Aussagen zu beziehen. Doch welche Rolle spielen die Begriffe? Sind diese nicht ebenso wichtig wie Aussagen? Und müssen nicht zunächst die Begriffe definiert werden, bevor wir überhaupt miteinander diskutieren können? Vielleicht haben Sie selbst schon einmal eine Lehrveranstaltung besucht, bei der Sie mit allerlei Begriffen mehr oder weniger bekannt gemacht wurden. Ich erinnere mich noch an eine »Einführung in die Soziologie«, die etwa so ablief: Der Lehrer erläuterte die, wie er sagte, Grundbegriffe der Soziologie. Er schrieb jeweils einen Begriff an die Tafel und erzählte, was dieser in der Soziologie zu bedeuten habe: »Unter ›Rolle‹ verstehen wir in der Soziologie die Erwartungen, die eine Person als Inhaber einer bestimmten Position zu erfüllen hat. Der Begriff ›Position‹ meint denjenigen Platz, den eine Person in einer Gesellschaft einnimmt, wobei die Position mit Funktionen innerhalb dieser Gesellschaft verknüpft ist. ›Status‹ und ›Position‹ sind im übrigen verwandte Begriffe. Während der Ausdruck ›Status‹ bedeutet... usw.« Lehrveranstaltungen, die so ablaufen, dürften inzwischen zwar seltener vorkommen, aber sie sind keineswegs ausgestorben. Und die Auffassung, derzufolge gut definierte Begriffe die Voraussetzung vernünftiger Diskussionen (Gespräche, Reden) und die Basis jeder wissenschaftlichen Disziplin darstellen, scheint noch immer einigermaßen populär zu sein. Hierbei spielen vermutlich die folgenden Annahmen eine

Rolle: 1. Wir *verstehen* den Sinn einer These, wenn wir die Bedeutung der verwendeten Begriffe kennen. 2. Es gibt so etwas wie Grundbegriffe, auf denen unsere Erkenntnisse – und damit alle wissenschaftlichen Disziplinen – ruhen. Aus diesen Grundbegriffen lassen sich interessante Hypothesen über die Wirklichkeit entwickeln.

Beide Behauptungen sind falsch. Um dies zu verdeutlichen, betrachten wir ein einfaches Beispiel: »Wenn der Sommer verregnet ist, produzieren die Bienen weniger Honig.« Ich behaupte, daß Sie diese informative Aussage auf Anhieb verstehen – und zwar bevor wir uns über die Bedeutung der darin vorkommenden Begriffe verständigt haben. Sicher, der Ausdruck »verregnet« ist ziemlich vage. Wieviel Regen muß fallen, um einen Sommer »regnerisch« oder »verregnet« zu nennen? Falls wir langfristige Beobachtungen anstellen, um die Hypothese zu prüfen, ersetzen wir »verregnet« einfach durch die Angabe einer Niederschlagsmenge (z.B. ab 180 mm oder 200-300 mm), die über dem Durchschnitt des Beobachtungsgebietes liegt. Wahrscheinlich müssen Sie einen Moment nachdenken, wenn ich Sie jetzt bitte, »Honig« zu definieren (obwohl sie den Sinn der Aussage bereits verstehen). Nehmen wir einmal an, Ihr Definitionsvorschlag lautet: »Honig heißt das Stoffwechselprodukt der Bienen, das der Ernährung der Nachkommen dient.« *Alle Begriffe in dieser Erläuterung sind zwangsläufig undefiniert. Sofort können wir weitere Definitionen verlangen.* Was, zum Beispiel, bedeutet eigentlich »Stoffwechselprodukt«? Nun, hierbei handelt es sich um gasförmige oder feste Stoffe, die von Organismen erzeugt werden, während sie sich mit ihrer Umwelt auseinandersetzen. Was aber heißt »gasförmig«, was »Organismus« usw.? Das Beispiel zeigt: Definitionen gelangen nie an ein Ende, *weil beim Definieren unvermeidlicherweise wieder neue – undefinierte – Begriffe herangezogen werden.* Und »das heißt, daß wir nach ein oder zwei Schritten anhalten müssen, um einen unendlichen Regreß zu vermeiden« (Popper 1992[7]: 25). Kein einziger Begriff ruht demnach auf einer abschließenden Definition. Obwohl es gelegentlich erforderlich ist, die Bedeutung eines Begriffs kurz zu erläutern, sollte der Gegenstand, das Thema einer Debatte niemals ein Begriff sein. Stattdessen beschäftigen wir uns mit Aussagen, in denen Begriffe vorkommen. Wir fragen also nicht: Was bedeutet der Begriff »Selektion«?, sondern: Was behaupten Theorien, die den Ausdruck »Selektion« verwenden, über die Wirklichkeit? »Sogar dort, wo die Begriffe definiert werden, versuchen wir nie, aus der Definition irgendein Wissen herzuleiten oder ein Argument auf sie zu gründen. Das ist der Grund, warum uns unsere Begriffe so wenig Sorge bereiten. Wir überlasten sie nicht. Wir bemühen uns, ihnen so wenig wie möglich Gewicht zu verleihen.« (Ebd.: 24)

Ob jemand mehr auf die Bedeutung von Begriffen oder auf den Sinn von Aussagen achtet, scheint z.T. eine Sache der Gewöhnung zu sein. *Wir können uns darin üben, mehr auf Aussagen und weniger auf Begriffe zu achten* – beim Lesen, beim Zuhören, beim Schreiben, beim Argumentieren.

Doch die Neigung, Begriffe zu wichtig zu nehmen, wird immer wieder gefördert – z.B. durch Lehrveranstaltungen an Volkshochschulen und Hochschulen, die mit Begriffserläuterungen beginnen. Hinzu kommt, daß Bücher geschrieben werden mit Titeln wie *Der Begriff der Natur in der Lehre von Karl Marx* (eine bekannte Arbeit von Alfred Schmidt über Marx' Theorie der Natur) oder *Der Begriff Entfremdung*. Auch die Benutzung von Lexika (vielleicht auch das Lösen von Kreuzworträtseln) kann zu der Auffassung verleiten, es sei entscheidend, Begriffe zu erlernen.

Viele Leute werden durch »Was ist«-Fragen in die Irre geführt: Was ist Kraft? Was ist Masse? Was ist Leben? Was ist Mutation? Es sieht vielleicht so aus, als müßten wir auf derartige Fragen mit Begriffserläuterungen antworten. Und gelegentlich hören wir die folgende Meinung: Bevor wir uns mit irgendeinem Thema, wie z.B. dem Leben, beschäftigen, müssen wir erst einmal wissen, was Leben bedeutet – sonst wissen wir ja nicht, worüber wir sprechen und was wir erforschen. Diese Behauptung mag plausibel klingen, aber sie hält einer kritischen Prüfung nicht stand. Die Ansichten über das Leben haben sich im Laufe der Zeit, *während* der Erforschung des Lebens, *während* unzähliger Diskussionen ständig verändert. Das heißt, der Begriff »Leben« unterliegt einem Wandel, der von der Entwicklung und der kritischen Prüfung neuer Theorien abhängt. Ein isoliert dastehender Ausdruck wie »Leben«, den wir erst einmal richtig definieren müßten, existiert nicht. Sofern dieser Begriff benutzt wird, taucht er im *Kontext von Theorien* auf, die als ganze kritischen Prüfungen unterworfen werden. *Wahrheit ist eine Eigenschaft der Sätze, nicht der Begriffe.* Falls in Diskussionen eine Was-ist-Frage gestellt wird, antworten wir in den meisten Fällen mit einer Behauptung über die Wirklichkeit. Auf die Frage: »Was genau ist Mutation?« folgt als Antwort eine kurze Darlegung der Hypothesen über diesen Vorgang. Vielleicht fragt jemand: »Wie verwenden die Biologen momentan den Begriff Mutation?« Wir vergessen bei unserer Antwort nicht, daß die Benutzung eines solchen Begriffs vom Stand der Forschung, von den Theorien abhängt. *Diskutieren Sie also über Aussagen und vermeiden Sie nach Möglichkeit Diskussionen über Begriffe!* Versuchen Sie darüber hinaus, Auseinandersetzungen um Begriffe in Diskussionen über Aussagen zu verwandeln. Diese beiden Vorschläge sollten Sie auch beachten, wenn Sie eine Hypothese oder eine Theorie *darlegen* – beispielsweise im Unterricht.

Betrachten wir nun wieder einige Beispiele. Eine Lehrerin beginnt die Biologiestunde mit den folgenden Bemerkungen: »Heute wollen wir uns einer berühmten, folgenreichen Theorie zuwenden: der Evolutionstheorie. Deren Erfinder sind bekanntlich Wallace und Darwin, wobei die modernen Varianten der Evolutionstheorie in einigen wichtigen Punkten von dem ursprünglichen Ansatz abweichen. Die beiden wohl wichtigsten Begriffe der Theorie heißen Mutation und natürliche Auslese. Wir werden bald sehen, daß diese Begriffe miteinander zusammenhängen. Der Begriff ›Mutation‹, so wie wir ihn heute verwenden, bezieht sich auf Veränderungen im Erbgut, die im Hinblick auf die Umweltbedingungen sozusagen blind und ziellos erfolgen...«

Eine andere Lehrerin macht es besser. *Sie deutet das Problem an, die Fragestellungen, auf die die Evolutionstheorie eine Antwort ist:* »Wir haben uns an die Vorstellung gewöhnt, daß die

Lebewesen einem Wandel unterliegen und sich aus einfachen Lebensformen herausgebildet haben. Aber warum verändern sich die Organismen überhaupt? Wie entstehen neue Arten? Und wie ist es zu erklären, daß so viele verschiedenartige Pflanzen und Tiere – darunter auch die Menschen – entstanden sind? Eine bewährte Antwort auf diese Fragen liefert uns die Evolutionstheorie, die, wie Sie wahrscheinlich wissen, auf Darwin und Wallace zurückgeht. Der Vielfalt des Lebens liegen ungerichtete Veränderungen im Erbgut zugrunde, Veränderungen, die wir uns nicht als direkte Anpassungsleistungen an die Umgebungsbedingungen vorstellen dürfen...«

Auch bei der Beantwortung von Fragen, die sich auf Begriffe beziehen, können wir durch unsere Formulierungen einem Abgleiten in Begriffsdiskussionen vorbeugen. Stellen Sie sich einen Kurs an einer Volkshochschule zum Thema »Kunstgeschichte« vor. Offenbar hat die Referentin soeben einen Ausdruck verwendet, den einige Teilnehmer nicht kennen. Jemand fragt: »Sie haben von ›Monotypie‹ gesprochen. Was verstehen Sie darunter? Können Sie diesen Begriff einmal definieren?« Bereits die Art der Fragestellung gibt Anlaß zu der Befürchtung, daß der Teilnehmer daran gewöhnt ist, seine Gedanken um Begriffe kreisen zu lassen. Doch diesmal hat er Glück. Die Kursleiterin antwortet nämlich so: »Ein Künstler, der eine Monotypie anfertigt, geht folgendermaßen vor: Er zeichnet auf eine Metallplatte, Glasplatte oder auf einen Karton. Dann drückt er die Zeichnung – und zwar mit der noch feuchten Farbe – auf Papier. Nur ein einziger Abdruck ist so möglich (daher der Name ›Monotypie‹). Es entsteht ein Unikat. Die Probleme, mit denen sich Künstler unseres Jahrhunderts beim Herstellen einer Monotypie beschäftigten, lernen wir noch kennen, wenn wir uns mit Paul Klee auseinandersetzen.«

Die Referentin antwortet also nicht mit einer Begriffserläuterung; statt dessen beschreibt sie, was passiert, wenn ein Künstler eine Monotypie herstellt. Außerdem enthält die Antwort einen (vielleicht etwas vagen) Hinweis darauf, daß dieses Druckverfahren der Lösung bestimmter Probleme dient.

Was bisher gesagt wurde, gilt übrigens auch für Begriffe, die einen normativen Charakter haben, die also im Kontext normativer Aussagen eine Rolle spielen. Die Frage »Was verstehst Du unter Gerechtigkeit?« beantworten Sie am besten, indem Sie Zustände der Wirklichkeit *beschreiben*, die Ihnen gerecht zu sein scheinen. Fordern Sie Ihre Diskussionspartner auf, hierzu kritisch Stellung zu beziehen (vgl. Kap. 5) und nicht über die richtige Definition der Gerechtigkeit nachzudenken.

Wir *verstehen* auch *Texte* besser und vor allem *schneller*, sobald es uns gelingt, mehr auf die Aussagen – und die mit ihnen verbundenen Probleme – und weniger auf die Begriffe zu achten. Oft sind die Ausdrücke »Begriff« und »Konzept« nur andere, in die Irre führende Formulierungen für »Hypothese« oder »Theorie« – das trifft für etliche der schon erwähnten Arbeiten mit Titeln wie »Der Begriff der Natur«, »Das Konzept der natürlichen Auslese« usw. zu. Aber es braucht uns nicht weiter zu stören, wenn Gesprächspartner und Autoren die Wörter auf diese Weise benutzen. Wir achten ja auf den Sinn der Aussagen. Diejenigen, die einen Begriff zum Gegenstand von Forschungsprojekten und Diskussionen machen, sind oft gar nicht auf der Suche nach der richtigen Definition, sondern auf der Suche nach zutreffenden Hypothesen. Ein besonderer Fall sind begriffsgeschichtliche Studien. Hier steht zwar die Geschichte eines bestimmten Begriffes im Zentrum des Interesses. Aber die Beschäftigung mit dem Begriff dient auch dazu, Hypothesen z.B. über kulturelle Entwicklungen zu gewinnen. Wer Begriffsgeschichte betreibt, kommt nicht selten zu dem Ergebnis, daß »Definitionen zuweilen wenig Aufschluß geben über das, was sie definieren« (Marquard 1978: 337).

Ein Einwand gegen die Empfehlung, mehr auf die Aussagen und weniger auf die Begriffe zu achten, könnte lauten: Begriffe sind deshalb so wichtig, weil wir doch zu Erkenntnissen gelangen, indem wir Sachverhalte und Prozesse der Wirklichkeit *klassifizieren* – und dafür brauchen wir nun einmal Begriffe. So unterscheiden wir z.B. verschiedene Klassen der Wirbeltiere, unter anderem die Kriechtiere von den Fischen und diese wiederum von den Säugetieren. Wer diese Begriffe gelernt hat, weiß mehr über die Wirklichkeit. »Klassifikationen sind überall dort notwendig, wo man es mit Vielfalt zu tun hat. So gibt es Klassifikationen von Sprachen, von Gütern in Produktions- oder Marktsystemen, von Büchern in einer Bücherei oder von Tieren und Pflanzen in der Natur. Das Verfahren des Klassifizierens besteht in all diesen Fällen darin, daß man einzelne Objekte in Kategorien oder Klassen gruppiert.« (Mayr 1984: 119) *Allerdings klassifizieren wir theorienabhängig.* Der bekannte Naturforscher Linné (1707-1778), dem die Evolutionstheorie noch nicht zur Verfügung stand, klassifizierte z.b. anders als Darwin. Dieser ordnete die – ihm bekannten – Lebewesen nach ihrer mutmaßlichen gemeinsamen Abstammung. Dabei orientierte er sich am Kriterium der Ähnlichkeit, weil er meinte, ähnlich aussehende Lebewesen müßten miteinander verwandt sein, eine Theorie, die oft (aber keineswegs immer) zutrifft. Um die Klassifikationen zu verstehen, müssen wir uns also mit den *Hypothesen* vertraut machen, die ihnen zugrunde liegen – wir müssen wissen, was diese Annahmen über die Wirklichkeit behaupten.

Wir haben gesehen, daß die Aussagen (Hypothesen, Theorie) wichtiger als die Begriffe sind, die in den Aussagen vorkommen. *Definitionen,* mit denen wir die Bedeutung von Begriffen festlegen bzw. vereinbaren, werden irrtümlich manchmal so behandelt, als ob sie informative Aussagen wären. Doch während letztere wahr bzw. falsch sein können, trifft dies für Definitionen nicht zu. Wir definieren, um einen unbekannten und womöglich auch umständlichen Ausdruck, das sogenannte Definiendum, durch einen bekannten, das Defiens, zu ersetzen, z.B. Assekuranz = Versicherung. Und wir definieren hin und wieder, weil wir kürzere Begriffe, »handliche abkürzende Etiketten« (Popper 1992[7]: 26) anstelle längerer Formulierungen benutzen wollen. »Wir nehmen einen Tausch vor.« (Naess 1975: 102) Indem wir dies tun, beeinflussen wir den Sprachgebrauch. Eine Definition in diesem Sinne läuft also auf den Vorschlag hinaus, einen Begriff in einer bestimmten Weise zu verwenden, ihm eine bestimmte Bedeutung *zu geben.*

Wenn wir Definitionen vorschlagen, sollten wir die folgenden Hinweise berücksichtigen (Follesdal u.a. 1986: 291 f.): Sinnvoll ist eine Definition in den Fällen, in denen sie als Mittel verwendet wird, um vernünftige Argumentationen zu erleichtern – Definitionen, die das nicht leisten, sind überflüssig. Eine gelungene Definition erleichtert es uns also, kritische Einwände gegen die Aussage zu erheben, in der der definierte Begriff vorkommt. Deshalb achten wir darauf, als Defiens eine Formulierung zu wählen, von der wir annehmen, daß die anderen – die Gesprächspartner, die Leser – sie gut verstehen. Dabei sollte das Defiens mindestens so klar bzw. präzis sein wie der Ausdruck, den wir definieren. Zirkuläre Definitionen können wir uns sowieso sparen, also Redewendungen wie: »Gerecht nenne ich alle Zustände in der Welt – ob es sich um die Einkommensverteilung oder die Umweltbelastungen handelt –, in denen die Idee der Gerechtigkeit zum Zuge kommt.« Eine Vorsichtsmaßnahme beim Definieren besteht nach Follesdal u.a. (1986) darin, stark wertende und gefühlsbetonte Wörter zu vermeiden, weil diese von den Argumenten ablenken.

Dieses Kapitel, das ein wichtiges Thema behandelt, beenden wir mit einem kleinen Dialog. Der Dialog soll noch einmal die beiden unterschiedlichen Perspektiven in Argumentationsprozessen – die Orientierung an Begriffen einerseits, an Aussagen andererseits – illustrieren. Es ist nicht so, daß sich die damit einhergehenden Argumentationsmuster grundsätzlich ausschließen. Normalerweise neigen Diskussionsteilnehmer *mehr oder weniger* dazu, sich auf Begriffe zu konzentrieren. Das nun folgende Gespräch nimmt auf einige Aspekte dieses Buches Bezug: Es enthält daher auch *Hinweise und Denkanstöße* für die Leser und Leserinnen. Der Partner B orientiert sich eher an Begriffen und darüber hinaus an den mutmaßlichen Quellen bestimmter Aussagen (vgl. Kap. 5 und 6), während A mehr auf den Inhalt der Aussagen und die damit zusammenhängenden Probleme achtet.

B: »Hallo Jürgen, gerade habe ich die Einleitung und die ersten beiden Kapitel des Textes gelesen, an dem du gerade arbeitest. Mit fällt auf, daß du oft die Begriffe ›rational‹ und ›vernünftig‹ benutzt. Doch eine Definition sucht der Leser vergebens.«

A: »Das stimmt, wer in dieser Arbeit nach Definitionen Ausschau hält, kommt nicht gerade auf seine Kosten. Mit war es wichtig, in der Einleitung die Probleme, Themen, Fragen anzudeuten, die *im Verlauf der Arbeit* beantwortet werden.«

B: »Die Schwierigkeit scheint mir aber darin zu liegen, daß es sehr viele Auffassungen von ›Vernunft‹ bzw. ›vernünftig‹ gibt – wie ja wohl die Rationalitätsdebatte der letzten Jahre gezeigt hat. Was verstehst du darunter? Gehst du darauf noch ein?«

A: »Das gesamte Buch enthält Vorschläge und Regeln, die dazu beitragen sollen, Auseinandersetzungen vernünftig zu gestalten. Außerdem charakterisiere ich gewisse Einstellungen und Gewohnheiten, die vernünftige Personen bevorzugen.«

B: »Dann ist deine Arbeit so etwas wie eine Theorie der Vernunft?«

A: »Nun ja, sie skizziert einige Elemente oder Bruchstücke einer solchen Theorie.«

B: »Aber es gibt doch so viele unterschiedliche Vernunftbegriffe. Bertrand Russell hatte bestimmt einen anderen als beispielsweise Hegel. Worauf beziehst du dich? Nenne doch einmal ein paar Autoren, deren Werken du dich verpflichtest fühlst.«

A: »Nun ja, ich könnte Dir da schon ein paar Namen aufzählen, aber das finde ich gar nicht so wichtig. Besser wäre es, Du würdest die Hypothesen und Vorschläge in dieser Arbeit kommentieren und kritisieren und die Regeln in der Praxis ausprobieren...«

B: »Es sieht doch so aus, als habe die Idee der Vernunft ohnehin an Überzeugungskraft verloren. Vernunft ist ein großes Wort, ein kühner Traum. Hat diese Idee nicht auch Übel heraufbeschworen?«

A: »Ja! Und wir handeln vernünftig, wenn wir die Folgen der Idee der Vernunft untersuchen. Ich pflichte denjenigen bei – und jetzt gehe ich doch ganz kurz auf deine Frage nach den Quellen meiner Ansichten ein –, die betonen, daß die Vernunft keine einigende Idee und auch keine trostspendende Verheißung sein kann. Darauf weisen im übrigen auch Autoren wie Mill, Popper und Rorty hin, die sonst in vieler Hinsicht nicht übereinstimmen. Der amerikanische Philosoph Rorty beispielsweise meint, wir müßten die Idee aufgeben, Vernunft sei der ›Name einer heilenden, versöhnenden, einenden Macht‹ (Rorty 1992: 121).«

B: »Rorty, Popper, Mill – ich merke schon, daß du noch immer die Neigung hast, bedeutende kontinentale Denker wie Hegel, Jaspers, Heidegger und Gadamer zu vernachlässigen.«

A: »Na wenn schon: Zeige an meinen Ausführungen, an meinen Thesen, daß dies ein Nachteil ist. Kritisiere meine Aussagen und schlage Regeln für Diskussionen vor, die sich in der Praxis besser bewähren, die meinen Vorschlägen überlegen sind.«

B: »Einverstanden. Aber ich meine noch etwas anderes. Du stimmst mir doch zu, daß es rational ist, konkurrierende Auffassungen zu beachten.«

A: »Auf jeden Fall!«

B: »Und es fördert die kritische Auseinandersetzung, wenn du in deinem Text mehr als bisher auf Arbeiten hinweist, in denen andere Standpunkte vertreten werden.«

A: »Ja, gut – ab sofort füge ich mehr Fußnoten in den Text ein, die entsprechende Hinweise für interessierte Leser enthalten.«

B: »Das ist immerhin etwas. Eine richtige Definition für den Ausdruck ›Kritik‹ hast du bisher auch nicht vorgelegt. Ich vermute aber, daß die Begriffe ›Kritik‹ und ›Vernunft‹ eng miteinander zusammenhängen.«

A: »Ja, eine Person, die sich vernünftig verhält, ist bereit, kritische Argumente anzuhören, die eigenen Mutmaßungen zu prüfen und selber Argumente ins Spiel zu bringen. Sie versucht eher zu lernen, als recht zu behalten.«

Kapitel 5

Die Instrumente der Kritik

Vermutlich lesen Sie dieses Buch u.a. deshalb, weil Sie sich für folgende Fragen interessieren: Wie argumentiere ich richtig? Woran liegt es, daß einige Argumente schwächer, andere stärker sind (Habermas 1981: 47)? Wo verläuft die Grenze zwischen gültigen und ungültigen Argumentationen (Lumer 1990: 284)? Wie können wir zwischen guten und schlechten Argumenten unterscheiden (Follesdal u.a. 1986: 5)? Die Antworten auf diese Fragen sind keineswegs so eindeutig, wie Sie vielleicht gehofft haben. Auch die rationale Argumentation ist ein Gegenstand rationaler Argumentationen.[1]

Gute Argumente werden oft mit der *Idee der Begründung* in einen Zusammenhang gebracht. Demzufolge müssen Aussagen – informative wie normative – begründet werden. Als besonders starke Varianten der Begründung gelten Beweise. So hören wir in Diskussionen gelegentlich Fragen wie: »Können Sie das beweisen?« oder: »Was sind die Gründe für diese Vermutung?« Oft wollen die so Fragenden auf diese Weise erfahren, *wie der Betreffende zu seiner Vermutung gelangt ist.* Und tatsächlich antworten die Diskussionsteilnehmer nicht selten in diesem Sinne: »Ich habe selbst erlebt, wie...« »Meine Experimente haben eindeutig gezeigt...« Solche Fragen und Antworten legen die

---

1 Hier haben wir ein vorzügliches Beispiel für einen »virtuosen Zirkel« (Vollmer 1985). Wir müssen nicht im voraus genau wissen (oder gar definiert haben), was die Elemente einer rationalen Argumentation sind. *Während* wir darüber diskutieren, wächst unser Verständnis dafür. Es handelt sich um einen Optimierungsprozeß.

folgende Vorstellung nahe: Es gibt Beobachtungen, Erfahrungen, Sachverhalte, also irgendwelche *Daten*, die unsere Ausgangspunkte für stichhaltige *Begründungen* sein müssen. Daher scheint die Hauptaufgabe einer Argumentationslehre darin zu bestehen, *Wege von den Daten zu den Begründungen aufzuzeigen* (vgl. Toulmin 1975).

Doch schon gegen die Idee, Argumentationen dienten der *Begründung* von Aussagen, können wir schwerwiegende Einwände erheben.[2] Eine Schwierigkeit möchte ich wenigstens andeuten (ohne näher darauf einzugehen); andere Aspekte dieser Problematik erörtern wir im 7. Kapitel. Ebenso wie für Definitionen (Kap. 4) dürfte es auch für Begründungen keinen Haltepunkt geben. Für jede Begründung kann eine weitere Begründung verlangt werden, so daß wir dieses ganze Verfahren abbrechen müssen, ohne eine letzte Begründung, einen festen – unhinterfragbaren – Grund erreicht zu haben. Und tatsächlich blockiert die Forderung, Aussagen zu begründen oder gar zu beweisen, allzuoft vernünftige Auseinandersetzungen.

Diese Schwierigkeiten[3] lassen sich vermeiden, sobald wir einen anderen Standpunkt einnehmen. Wir konzentrieren uns auf die kritische *Prüfung* von Aussagen. Jedes kritische Argument, jeder Einwand (überhaupt jeder nur mögliche Satz) enthält irgendwelche Voraussetzungen, die ihrerseits unkritisiert – und natürlich auch unbegründet – bleiben. Falls es erforderlich erscheint, lassen sich diese Voraussetzungen ebenfalls kritischen Prüfungen unterwerfen. Das ist ein Grund dafür, weshalb jedes

---

2 Der Anspruch, Aussagen zu begründen, kann sich sowohl auf informative als auch auf normative Aussagen beziehen. Es gibt einige Philosophen, die darüber hinaus die Auffassung vertreten, es sei möglich, (unhintergehbare, zweifelsfreie) Letztbegründungen zu erzielen (vgl. z.B. Kuhlmann 1993).

3 Es gibt auch Versuche, diese Schwierigkeiten zu beheben, ohne die Idee der Begründung aufzugeben. Viele Autoren begnügen sich – gerade wenn es um Normen und Werte geht – mit einer schwachen Version der Begründung (vgl. z.B. Habermas 1991; Rescher 1993). Andere bestehen auf der Möglichkeit einer letzten sicheren Begründung (vgl. Kuhlmann/Böhler 1982).

kritische Argument wiederum selbst kritisiert werden kann. Es gelingt uns begreiflicherweise niemals – und es muß uns nicht gelingen –, alles auf einmal zu kritisieren. Den hier geschilderten Standpunkt hat der amerikanische Wissenschaftstheoretiker Bartley so formuliert: »*Nichts wird begründet, alles wird kritisiert.*« (Bartley 1987: 122) – aber, so fügen wir vorsichtshalber hinzu, nicht alles zugleich und nur diejenigen Behauptungen, die uns kritikbedürftig erscheinen. Sofort taucht ein neues Problem auf. An die Stelle der oben gestellten Frage, wie wir zu *begründeten* informativen und normativen Aussagen gelangen, tritt nun die *Frage, wie wir richtig kritisieren.* Was macht kritische Einwände plausibel? Wann ist die Kritik gültig? Eine allgemeine (im Hinblick auf informative Aussagen formulierte) Antwort auf diese Fragen lautet: »Gültige Kritik an einer Theorie besteht darin, darzulegen, daß es der Theorie nicht gelingt, die *Probleme* zu lösen, die sie zu lösen vorgibt.« (Popper 1992²: 473).

Wie wir noch sehen werden, können auch normative Aussagen kritisiert werden, indem wir überlegen, inwieweit sie bestimmte Probleme lösen. Umgekehrt gilt aber auch die folgende Feststellung: Wer *für* eine bestimmte These argumentiert, sollte zu zeigen versuchen, daß sie in der Lage ist, die Frage, auf die sie antwortet, tatsächlich zu lösen. Das ist, wenn man so will, eine schwache Version der Idee der Begründung.

I Die kritische Prüfung informativer Aussagen

Informative Aussagen behaupten etwas über die Wirklichkeit. Verschiedene erkenntnistheoretische Überlegungen[4] zeigen uns, daß wir diese Aussagen als Hypothesen betrachten sollten

---

4 Die Position, die den hypothetischen Status und damit die Vorläufigkeit und Fehlbarkeit unseres Wissens herausstellt, wird Fallibilismus genannt. Sie scheint sich mehr und mehr durchzusetzen. Habermas z.B. betont in letzter Zeit, daß der Fallibilismus ein Bestandteil seiner Diskurstheorie ist (Habermas 1991).

(Kap. 7).[5] Sie können sich als falsch erweisen. In Diskussionen ist dagegen oft von »Fakten« oder »Tatsachen« die Rede. Das klingt so, als gebe es etwas Unumstößliches, etwas, an dem wir auf gar keinen Fall zweifeln dürfen. Bei den vermeintlichen Fakten handelt es sich natürlich um Aussagen über Aspekte der Wirklichkeit, deren Existenz als evident oder als erwiesen gilt. Wir sollten aber bedenken, daß wir der Wirklichkeit niemals voraussetzungsfrei – ohne vorgeschaltete Annahmen – begegnen. Schon einfache Wahrnehmungsexperimente, z.b. solche, in denen optische Täuschungen eine Rolle spielen, zeigen den konstruktiven Charakter unserer Erkenntnistätigkeit. Auch die scheinbar voraussetzungsfreie *Beschreibung von Sachverhalten* geschieht hypothesengeleitet – jede Beschreibung ist zwangsläufig das Ergebnis einer *Auswahl, die unter bestimmten Gesichtspunkten erfolgt.* Und die Geschichte der Wissenschaften zeigt uns, wie oft vermeintlich unumstößliche Gegebenheiten im Lichte neuer Theorien wieder verschwanden. Personen, die in Diskussionen häufig von »Tatsachen« bzw. »Fakten« sprechen, zeigen damit nur, daß sie ihre Ansichten für richtig halten.

Eine harmlos erscheinende Aussage wie »Es gibt Quastenflosser« enthält theoretische Annahmen, die wir auf den ersten Blick nicht bemerken. So ist der Ausdruck »Quastenflosser« das Ergebnis einer Klassifikation, die vor dem Hintergrund evolutionstheoretischer Annahmen konstruiert wurde. Aussagen, die einen einzigartigen oder selten auftretenden Sachverhalt behaupten, lassen sich strenggenommen nicht widerlegen – ein Umstand, der die Möglichkeiten der Kritik einschränkt. »In Loch Ness wohnt ein Ungeheuer« akzeptieren wir als wahre Behauptung, sobald wir dieses Lebewesen unter kontrollierten Bedingungen tatsächlich wahrnehmen können. Den Berichten von Augenzeugen, die meinen, dem Ungeheuer »Nessie« begegnet zu sein (oder ein UFO gesehen zu haben), trauen wir nicht so ohne weiteres – *und zwar vor allem aufgrund von*

---

5 Die sogenannten »analytischen Aussagen« stellen einen Sonderfall dar, also z.B.: »Alle Junggesellen sind verheiratet.« Vgl. hierzu Follesdal u.a. (1986).

Theorien und Forschungsergebnissen, die die Berichte eher unplausibel erscheinen lassen.

Informative Aussagen und Theorien, also Netzwerke informativer Aussagen, sollten so formuliert werden, daß sie unter Zuhilfenahme von Erfahrungen (Beobachtungen, Experimenten, Umfragen) kritisierbar, günstigenfalls widerlegbar sind. Theorien besitzen einen Informationsgehalt – sie schließen bestimmte Möglichkeiten, bestimmte Ereignisse und Prozesse aus. Das macht sie überprüfbar. Eine Aussage wie »Vielleicht verbessern die Menschen ihr Problemlöseverhalten, wenn sie sich in Schwierigkeiten befinden, vielleicht aber auch nicht« können wir nicht mit Hilfe von Beobachtungen überprüfen, *wohl aber auf andere Weise kritisieren.* Unsere Kritik besteht gerade in dem Hinweis, daß diese Behauptung keine Ereignisse ausschließt, also einen viel zu geringen Informationsgehalt[6] hat. Dabei gilt: »Je mehr Informationen eine Aussage enthält, desto weniger Möglichkeiten läßt sie offen.« (Salmon 1983: 269) Mit der folgenden Aussage können wir daher schon etwas mehr anfangen: »Menschen verbessern ihr Problemlöseverhalten, wenn sie in Schwierigkeiten geraten.« Zwar ist auch diese informative Aussage einigermaßen vage – doch sofern wir guten Willens sind, verstehen wir in etwa, was damit über die Wirklichkeit behauptet wird. Sollte es im Hinblick auf das Thema unserer Diskussion erforderlich sein, können wir eine solche Behauptung durchaus präzisieren.

Die verschiedenen Möglichkeiten der Kritik erläutern wir jetzt ein wenig genauer. Dabei orientieren wir uns an einem Vorschlag von Bartley (1987: 139), der vier Instrumente der Kritik unterscheidet:

1. Das erste »Kontrollinstrument« (Bartley) ist die *logische Prüfung.* Wir fragen, ob eine Theorie oder die im Laufe einer Debatte vorgetragenen Thesen überhaupt konsistent (d.h. frei von Widersprüchen) sind. Nicht selten kommt es nämlich vor, daß

---

6 Ist es möglich, den Informationsgehalt von Aussagen zu messen? Zu diesem Problem s. Poppers *Logik der Forschung* (1984[8]).

sich einige Aussagen, die ein Teilnehmer vorträgt, bzw. einzelne Bestandteile einer Theorie widersprechen. Anders als die Beispiele in den Lehrbüchern über Logik sind die Widersprüche während einer Debatte oftmals verdeckt. Sie müssen erst herausgestellt werden. Beispielsweise behauptet jemand: »In sehr schwierigen Situationen nimmt die Fähigkeit, Probleme zu lösen, schnell ab.« Wenig später meint derselbe Teilnehmer: »Not macht erfinderisch – die Menschen haben es bisher immer geschafft, sich aus Notlagen zu befreien.« Diese beiden Behauptungen scheinen nicht zusammenzupassen (vgl. Kontrollinstrument 3). Falls es für die vernünftige Erörterung der anstehenden Fragen bedeutsam ist, müssen wir auf diese Ungereimtheit hinweisen.

Mit einem in sich widersprüchlichen System informativer Aussagen kann es zwangsläufig nicht gelingen, ein Problem zu lösen, also beispielsweise zu erklären, wie sich das Problemlöseverhalten unter bestimmten Bedingungen verändert. Offensichtlich setzen wir bei dieser Art von Kritik logische Regeln voraus. Vielleicht interessiert Sie die Frage, ob und inwieweit die Logik selber rational kritisiert werden kann. Müssen wir nicht bestimmte Teile der Logik immer anwenden, wenn wir vernünftig kritisieren (Bartley 1987; Lenk 1970; Vollmer 1985; 1988)? Vollmer (1988: 51 f.) kommt zu folgendem Ergebnis: »Eine gewisse ›Minimallogik‹ ist unlösbar mit der Idee der rationalen Kritik bzw. der kritischen Prüfung verbunden. Man kann diese Minimallogik nicht verwerfen, ohne sie bereits zu benützen und somit auch anzuerkennen.«

2. Als zweites Kontrollinstrument nennt Bartley die *Beobachtung*. Indem wir fragen, ob es Beobachtungen irgendwelcher Art gibt, die mit einer These oder auch mit einer komplexen Theorie in Konflikt stehen, versuchen wir, die Theorie an der Wirklichkeit scheitern zu lassen. Zwar sind wir in den allermeisten Fällen während einer Diskussion außerstande, Ereignisse zu beobachten, die einer Theorie widersprechen (Ereignisse nämlich, die die Theorie eigentlich ausschließt). Aber wir haben die Möglichkeit, *Prüfschritte zu vereinbaren* – eine Möglichkeit, die wir bereits unter 2.4 erwähnt haben. Wenn uns dies gelingt,

hat sich eine Debatte auf jeden Fall gelohnt. Darüber hinaus stellen wir auch die Frage, ob jemand Widerlegungsversuche – beispielsweise ein Experiment – kennt. So gut wie immer müssen wir aufgrund fehlender Möglichkeiten darauf verzichten, selber systematische Beobachtungen, Experimente oder dergleichen durchzuführen. Hinweise auf andere Untersuchungen treten zwangsläufig an die Stelle eigener Nachforschungen. Es ist im übrigen relativ leicht, Erfahrungen ausfindig zu machen, um eine liebgewordene Annahme zu stützen (vgl. Kap. 7). *Argumente, die »Daten« ins Feld führen, um eine Aussage zu belegen, sind daher schwächer als Hinweise auf – vorläufig bestandene – kritische Prüfungen.*[7]

3. Es gibt noch ein weiteres Kontrollinstrument, nämlich *wissenschaftliche Theorien.* Unsere kritische Frage, die diese Prüfinstanz ins Spiel bringt, lautet: Steht eine Theorie oder auch eine einzelne informative Aussage, »gleichgültig, ob sie mit Beobachtungen in Konflikt steht oder nicht, in Konflikt mit wissenschaftlichen Hypothesen?« (Bartley 1987: 139). Behauptet z.B. ein Teilnehmer, alle menschlichen Verhaltensweisen seien ausschließlich das Ergebnis von Lernprozessen, so widerspricht er damit einigen Theorien der Biologie. Selbstverständlich ist die Behauptung damit nicht widerlegt – auch die bewährteste wissenschaftliche Theorie kann sich irgendwann einmal als falsch herausstellen. Aber wir weisen eher eine Aussage zurück, die mit einer gut geprüften wissenschaftlichen Theorie kollidiert, bevor wir uns entschließen, diese bewährte Theorie aufzugeben. (Das ist der Grund, weshalb viele Leute skeptisch bleiben, wenn von übersinnlicher Wahrnehmung oder von UFOs gesprochen wird.) Dabei unterlaufen uns auch Fehler – manchmal sind wir zu skeptisch gegenüber neuen und merkwürdigen Thesen. Ein

---

7 Das heißt, daß sich unsere Theorien bewähren, indem sie kritische Prüfungen überstehen. Auch gute Theorien sind prinzipiell widerlegbar – aber es gelingt eben faktisch nicht, sie zu widerlegen. Eine unklar formulierte oder gar eine in sich widersprüchliche Theorie läßt sich dagegen nur schwer bzw. überhaupt nicht widerlegen (wohl aber kritisieren).

Kriterium, das *mit Sicherheit* eine Theorie gegenüber einer anderen als wahr auszeichnet, existiert nicht. Wie wir unter Punkt 1 (logische Prüfung) schon festgestellt haben, werden in Diskussionen oft Thesen gegenübergestellt, von denen keine Bestandteil einer erfolgreichen wissenschaftlichen Theorie ist. Dann können wir immer noch fragen, welche Behauptung wohl am ehesten einer wissenschaftlichen Hypothese widerspricht. Und wir suchen Erfahrungen, die mit einer der beiden konkurrierenden Behauptungen nicht in Übereinstimmung zu bringen sind.[8]

4. »Welches Problem sucht die Theorie zu lösen? Löst sie es erfolgreich?« Was Bartley als »*Kontrollinstrument Problem*« bezeichnet, kommt indirekt schon bei den soeben skizzierten Varianten der Kritik zum Zuge; denn sobald eine Theorie z.B. vielen Beobachtungen widerspricht, dürfte sie kaum geeignet sein, irgendein Problem zu lösen. Doch oft stehen wir vor der Aufgabe, Thesen zu prüfen, die zwar interessant, aber nicht widerlegbar sind. Denken Sie z.B. an die Frage, ob eine von uns unabhängige Welt existiert, die wir – teilweise – erkennen (Realismus).[9] Wie immer wir auf diese Frage antworten – unsere Antwort läßt sich nicht widerlegen. Aber wir können verschiedene Antworten miteinander vergleichen und die plausibelste herauszufinden versuchen. Beispiele für eine rationale Erörterung solcher Probleme finden Sie in den Kapiteln 8 und 9.

Aussagen über Mittel – zuweilen auch »technologische Hypothesen« oder hypothetische Imperative genannt – lassen sich ebenfalls kritischen Prüfungen unterziehen. Wer eine bestimmte Maßnahme vorschlägt, behauptet damit zugleich, daß diese Maßnahme in einer bestimmten Weise wirkt. Sie dient ja dazu, ein Ziel, das wir noch nicht erreicht haben, in der Zukunft zu realisieren. Daher können wir Mittel-Aussagen kritisch disku-

---

8 Erfahrungen, die eine These bestätigen, finden wir nur allzu leicht, vor allem, wenn wir welche finden wollen (vgl. Kap. 8).

9 Eine metaphysische Theorie wie der Realismus ist zwar nicht widerlegbar. Trotzdem handelt es sich dabei um eine sinnvolle, kritikwürdige Ansicht. Beiträge zur Realismusdebatte stammen von Nagel (1992); Popper (1983); Schmidt (1987); Vollmer (1986).

tieren, indem wir Hypothesen und Theorien verwenden, mit denen wir die mutmaßlichen Effekte eines Mittels vorherzusagen versuchen. Umgekehrt gilt, daß Mittel-Aussagen aus informativen Aussagen gewonnen werden. Betrachten wir ein kleines Beispiel: Ein Nachbar beklagt sich bei Ihnen über die Algen in seinem Gartenteich. Sein Ziel ist einigermaßen klar: Er will die Algen loswerden. Nachdem Sie kurz nachgedacht haben, fällt Ihnen die folgende Hypothese ein: Sonnenlicht begünstigt das Wachstum der Algen. Sofort sind Sie in der Lage, Ihrem geplagten Nachbarn eine Maßnahme vorzuschlagen, nämlich einen dicht wachsenden Strauch zu pflanzen, der seinen Schatten auf den Teich wirft. Offensichtlich besteht eine Möglichkeit der Kritik darin, zu fragen, ob Ihre Vermutung über den Zusammenhang zwischen Sonnenlicht und Algenwachstum zutrifft. Ihr Mittel wirkt, wenn die These stimmt und andere Faktoren (wie etwa Phosphate im Wasser) nur eine geringe Rolle spielen. Ein wichtiges Instrument der Kritik ist die *Suche nach Nebenwirkungen*, die bei der Anwendung des Mittels auftreten. So fallen die Blätter des Strauches im Herbst womöglich in den Teich und bewirken eine Eutrophierung, also eine Übersättigung mit Nährstoffen, die das Algenwachstum von neuem fördern kann. Zur kritischen Prüfung gehört insbesondere auch die Frage, ob die zur Diskussion stehende Maßnahme andere Ziele und Werte gefährdet. Ihr Nachbar könnte beispielsweise einwenden: »Der Strauch nimmt mir die Sicht auf meinen Teich.«

Versuchen Sie also, mit Hilfe von plausiblen Hypothesen die Folgen – die beabsichtigten wie die unbeabsichtigten – herauszuarbeiten, die sich voraussichtlich einstellen, wenn ein vorgeschlagenes Mittel angewendet wird.

2 Die kritische Prüfung normativer Aussagen

Die Ansichten darüber, inwieweit normative Aussagen rational diskutierbar sind, gehen weit auseinander. Auf der einen Seite hören wir die Meinung, alle normativen Angelegenheiten seien

subjektiv und die darauf bezogenen Entscheidungen willkürlich. Auf der anderen Seite finden wir ein paar Experten, Philosophen, die glauben, daß es letzte, unhintergehbare Begründungen für einige elementare Normen gibt.[10] Und religiöse
Menschen neigen zu der Überzeugung, es existierten wenigstens einige objektive Werte, die sich menschlicher Verfügbarkeit entziehen. Ich vertrete im folgenden eine Position, die –
grob gesprochen – zwischen den beiden zuerst genannten
Standpunkten liegt: Normative Aussagen können wir auf eine
vernünftige Weise erörtern. Es ist sehr wohl möglich, Argumente zu finden, die eine bestimmte normative Forderung (Sollens-
forderung) oder ein Werturteil – vor allem im Vergleich mit anderen – plausibler machen. *Unsere (ethischen) Entscheidungen
lassen sich durch kritische Argumente eingrenzen.* Die Möglichkeiten hierzu werden, wie ich bereits in der Einleitung angedeu-
tet habe, zumeist nicht voll ausgeschöpft. In Diskussionen geben viele Teilnehmer zu schnell auf und äußern beispielsweise:
»Das muß jeder selbst entscheiden« oder: »Hier handelt es sich
um subjektive Tatbestände, über die wir wenig sagen können.«
Zunächst ist es hierbei wichtig, *Argumente und Entscheidungen
auseinanderzuhalten.* Zwar dürfte zutreffen, daß letztlich,
nachdem wir alle Argumente gehört haben, Entscheidungen gefällt werden müssen, die mit Ungewißheit behaftet sind. Aber es
gibt dennoch Argumente für oder gegen eine Entscheidung:
Beispielsweise erörtern wir Argumente für und gegen die Fri-
stenregelung und für und gegen eine Abtreibung in einem kon-
kreten Fall. Die Argumente, wie plausibel sie auch sein mögen,
ersetzen nicht die Entscheidung, etwa die Entscheidung, das
Kind auszutragen. Doch daraus folgt eben nicht, daß jede Entscheidung gleichermaßen vernünftig ist.

Ein Teil der normativen Aussagen bezieht sich auf *Zustände
und Prozesse* in der Wirklichkeit. Ein anderer fordert oder ver-

---

10 An der sogenannten Normenbegründungsdebatte waren neben anderen
Apel, Kuhlmann, Albert und Habermas beteiligt (s. z.B. Kuhlmann
1993). Während Apel und Kuhlmann Letztbegründungen für möglich
(und erforderlich) halten, argumentiert Albert für einen konsequenten
Fallibilismus (s. Fußnote 4).

bietet bestimmte *Verhaltensweisen*, z.B.: »Du sollst nicht töten.« Auch solche Gebote korrespondieren mit Werten und Ideen wie »Gerechtigkeit«, »Wahrheit«, »Leben«, »Natur«, »Schönheit«. Die grammatikalischen Formen reichen alleine nicht aus, normative Aussagen einigermaßen sicher zu identifizieren. *Achten Sie also stets auf den Kontext.* Behauptet jemand: »Deine Niere funktioniert gut«, so dürfte »gut« kaum in einem ethisch relevanten Sinn gemeint sein. Was an einer Niere gut ist, läßt sich mit informativen Aussagen beschreiben, die physiologische und biochemische Prozesse zum Inhalt haben. Normativ sind die Aussagen also dann, wenn ihre primäre Aufgabe darin besteht, »dem Gesprächspartner oder Adressaten etwas vorzuschreiben, zu verbieten, zu befehlen usf. oder etwas als moralisch gut/böse, moralisch gerechtfertigt/ungerechtfertigt usw. zu deklarieren« (Radnitzky 1989: 382).

Welche Instrumente der Kritik normativer Aussagen stehen uns zur Verfügung?

1. Mit dem Mittel der logischen Prüfung, das wir bereits kennengelernt haben (5.1), können wir auch normative Aussagen kritisieren. Denn nicht nur bei informativen, auch bei normativen Aussagen kommt es vor, daß ein Gesprächspartner Behauptungen ins Spiel bringt, die nicht zusammenpassen. Zum Beispiel meint ein Teilnehmer während einer Debatte über Euthanasie: »Leben in jeder Form ist das höchste Gut, ein unantastbarer Wert.« Wenig später stellt er, eine Frage beantwortend, fest: »Der Verzehr von Fleisch und die unvermeidbare Tötung der Nutztiere sind ethisch vertretbar...« Will der Teilnehmer diese Aussagen aufrechterhalten, kann er nicht zugleich behaupten, Leben in jeder Form sei unantastbar. Wahrscheinlich veranlaßt ihn unser kritischer Hinweis dazu, die erste Aussage einzuschränken. »Ich meinte selbstverständlich menschliches Leben, möchte aber doch hinzufügen, daß wir auch den Tieren möglichst wenig Leid zufügen sollen.« Dieser kleine Gesprächsausschnitt ist bereits ein Beispiel für eine vernünftige Erörterung normativer Angelegenheiten.

2. Wir erleben oft, daß sich während einer Diskussion Empö-

rung breitmacht. Einige Gesprächsteilnehmer schütteln entrüstet ihre Köpfe, andere schweigen verbissen. Aber es ist den Kontrahenten häufig selbst nicht ganz klar, weshalb die Auseinandersetzung plötzlich mit so viel emotionalem Engagement geführt wird. *Meistens prallen in solchen Fällen unterschiedliche Wertvorstellungen aufeinander,* die aber nicht deutlich genug ausgesprochen werden. Sie bleiben mehr oder weniger im verborgenen. Dann ist der Zeitpunkt der starken Sprüche gekommen:

A: »Wenn Sie den Selbstmord oder gar noch Schlimmeres akzeptieren, verstoßen Sie gegen die Gebote der Menschlichkeit.«

B: »Sie dagegen ignorieren einfach das Leiden vieler Menschen und unterstellen sogar, solche Entscheidungen würden leichtfertig getroffen.«

Es ist außerordentlich hilfreich, die Werte offen anzusprechen, die bei solchen Auseinandersetzungen eher im Hintergrund bleiben, aber eine ausschlaggebende Rolle spielen. Warten Sie nicht, bis die Gesprächspartner in ihrer Empörung verharren! *Beginnen Sie rechtzeitig damit, die Wertkonflikte zu rekonstruieren,* die der Auseinandersetzung zugrundeliegen, etwa so: »Mir scheint, daß für uns unterschiedliche Werte besonders wichtig sind. Sie, Herr Müller, schlagen vor, das Leben – ich nehme an: das menschliche Leben – als den allerhöchsten Wert zu begreifen. Sie dagegen, Frau Meier, legen uns nahe, der menschlichen Freiheit einen sehr hohen Wert einzuräumen...«

B: »Ja, und die Freiheit schließt die Freiheit ein, über das eigene Leben zu verfügen.«

Solche Äußerungen tragen dazu bei, die Argumentationen transparenter zu machen. Hin und wieder mag es sogar gelingen, Wertkonflikte zu entschärfen. Rechnen Sie aber damit, daß es *unauflösliche Wertkonflikte* gibt, für die wir keine wirklich zufriedenstellende Lösung finden. Verschärft wird diese Situation noch dadurch, daß immer wieder *neue* moralische Dilemmata auftauchen – beispielsweise als Folge technischer Entwicklungen. So gewinnen Analysen unserer Erbanlagen bzw. unserer genetischen Dispositionen zunehmend an Bedeutung. Dadurch erhalten wir bislang unerreichbare Erkenntnisse über genetisch bedingte Risiken (vgl. Beck-Gernsheim 1993). Stellen Sie sich nur einmal vor, Sie könnten den Ausbruch einer bei Ihnen diagnostizierten Erbkrankheit verzögern, also Ihr Leben entscheidend verlängern, indem Sie sich großen Einschränkungen unterwerfen. Was wiegt für Sie dann schwerer – die Länge Ihres Überlebens oder der Verlust der Möglichkeiten, das Leben frei zu gestalten? In diesem Fall betrifft die Entscheidung nur Ihr eigenes Leben. Anders, noch komplizierter sieht es aus, sobald Ihre Entscheidung Konsequenzen für andere Menschen hat – z.B. für Ihr eigenes, mit dem Gendefekt belasteten Kind. Gerade weil es moralische Dilemmata gibt, sind wir sehr darauf angewiesen, *Kompromisse* zu finden. Sie kommen zustande, wenn die jeweiligen Kontrahenten Abstriche machen, also beispielsweise darauf verzichten, die eigene Wertvorstellung in vollem Umfang durchzusetzen. Jedenfalls ist es ein wichtiger Schritt in einer rationalen Debatte, die Wertkonflikte herauszuarbeiten und gegebenenfalls einzuräumen, daß eine »glatte Lösung« nicht erreicht werden kann. Doch wäre es verkehrt, deshalb vorschnell eine Diskussion zu beenden. Denn die Möglichkeiten der Auseinandersetzung sind mit der logischen Prüfung und der Herausarbeitung von Wertkonflikten noch nicht erschöpft.

3. Wir können versuchsweise *die Konsequenzen feststellen*, die voraussichtlich auftreten, wenn sich (alle) Menschen einem bestimmten Wert – oder auch einem Werte-Potpourri – verpflichtet fühlen. Mit welchen Veränderungen müssen wir in diesem Fall rechnen? Diese mutmaßlichen Veränderungen bewerten wir abermals. Vielleicht denken Sie jetzt: Dann bin ich ja wieder auf meine Wertentscheidungen zurückgeworfen – und ich fälle vielleicht andere Entscheidungen als meine Gesprächspartner. Das trifft zwar zu, aber Sie sind einen Schritt weitergekommen. Sie wissen jetzt in etwa, welche Konsequenzen die Orientierung an einem Wert zur Folge hat. Daher ist Ihnen klarer als vorher, wofür – oder wogegen – Sie sich überhaupt entscheiden. Wenn

Sie über *Normen* diskutieren, über Regeln bzw. Verhaltensvorschriften, sollten Sie dieses Mittel der kritischen Prüfung ebenfalls einsetzen. Stellen Sie während einer Debatte z.B. die folgende Frage: »Wie würde sich die Wirklichkeit verändern, wenn alle Leute diese Norm befolgten?«

Die Konsequenzen von Normen herauszuarbeiten, ist schon deshalb sinnvoll, weil Normen als Versuche – als Mittel – interpretiert werden können, um bestimmte Probleme im Hinblick auf das Zusammenleben der Menschen zu lösen. Normen können sich als untauglich erweisen. Beispielsweise bringt die Befolgung Nebenwirkungen mit sich, die bestimmte Ziele und Werte gefährden können. So ist vielleicht die Forderung »Menschen sollten immer nach bestem Wissen die Wahrheit sagen« in manchen Situationen unangebracht, weil dadurch das Leben anderer gefährdet wird. Unter bestimmten Bedingungen sollten wir uns möglicherweise auch dafür entscheiden, einem Menschen die Wahrheit nicht zuzumuten.[11] Von manchen Normen wird behauptet, sie seien *verallgemeinerbar,* jedes Individuum könne ihnen nach reiflicher Überlegung zustimmen.[12] Ein Beispiel hierfür ist die »goldene Regel«: »Was du nicht willst, das man dir tu', das füg' auch keinem anderen zu.« Die Suche nach derartigen Regelungen kann durchaus ein Bestandteil rationaler Diskussionen sein, obwohl ungleiche Verteilungen und Interessen die *Durchsetzung* bestimmter Regeln und Wertvorstellungen – denken Sie z.B. an die Menschenrechte – äußerst schwierig erscheinen lassen.

4. Aussagen darüber, wie die Welt sein soll, überprüfen wir auch daraufhin, *ob sie überhaupt zu verwirklichen sind.* Unveränderbare – oder nur sehr schwer zu beeinflussende – Bedingungen

---

11 Zwar ist es auch möglich, einen rigorosen Standpunkt zu vertreten: Ein bestimmter Wert muß – koste es, was es wolle – verwirklicht werden. Aber nicht nur ein Mangel an Moral, sondern auch felsenfeste moralische Überzeugungen stellen einen Risikofaktor dar. Wir sollten daher nicht vergessen: »Die Moral ist für den Menschen da, nicht der Mensch für die Moral.« (Frankena 1981: 141)
12 Auch die Frage, ob und inwieweit Normen universalisierbar sind, ist Gegenstand kontroverser Diskussionen.

stehen womöglich einer Realisierung im Wege. Ein Ziel kann einfach zu weit gesteckt sein: »Jeder Mensch in der Bundesrepublik sollte das Abitur machen.« Hier dürfen wir die kritische Frage stellen, ob diese Forderung – so wünschenswert sie uns an sich auch erscheinen mag – überhaupt zu verwirklichen ist. Wahrscheinlich gelangen wir während einer kritischen Debatte zu dem Ergebnis, diese Aussage zwar nicht völlig aufzugeben, aber doch einzuschränken.

5. Nicht wenige normative Sätze *korrespondieren mit Glaubenssystemen bzw. Weltanschauungen.* Ihre Plausibilität hängt daher auch vom Überleben derjenigen Weltdeutungen ab, mit denen sie verknüpft sind. Sobald eine Weltanschauung den kritischen Prüfungen nicht (mehr) standhält, verlieren auch die normativen Aussagen an Überzeugungskraft. Dennoch sterben Weltanschauungen zumeist langsam, nicht zuletzt deshalb, weil sie im Dienst sozialer Mächte stehen, die ein Interesse daran haben, daß zumindest bestimmte Kernaussagen weiterhin akzeptiert werden. Wenn es die Umstände erlauben, schrecken die jeweiligen Träger der Macht bekanntlich nicht davor zurück, extreme Mittel – wie z.B. Folter – anzuwenden, um ihre Weltanschauung durchzusetzen. Betrachten wir als Beispiel die Forderung »Du sollst keine anderen Götter haben neben mir.« Diese Vorschrift wird erschüttert, wenn die entsprechende Gott-Hypothese aufgrund kritischer Argumente fragwürdig erscheint. Albert (1980[4]: 77) spricht in diesem Zusammenhang von der Anwendung des »Kongruenz-Postulats«: »Es gibt Inkongruenzen zwischen Kosmologie und Ethik, die dem kritischen Denken nicht standhalten können.«

3 Sein und Sollen – zur Unterscheidung von normativen und informativen Aussagen

Gegen die Unterscheidung von informativen und normativen Aussagen sind immer wieder Einwände erhoben worden (Keuth 1989). Vielleicht haben Sie beim Lesen kritische Fragen wie diese gestellt: »Spielen nicht Wertungen und Interessen schon bei der Formulierung von Hypothesen eine Rolle?«, »Warum bemühten sich z.B. Frauen in den letzten Jahren darum, feministische Forschungsvorhaben zu etablieren? Offenbar doch deshalb, weil der Verdacht besteht, daß männliche Werthaltungen und Interessen in den bisher dominierenden Fragestellungen und den damit verbundenen Hypothesen und Theorien versteckt sind.«

Es ist in der Tat wichtig, die mit diesen Fragen zusammenhängenden Probleme zu erörtern. Denn in der alltäglichen Praxis der Argumentation spielen solche Vorbehalte eine Rolle. Gesprächsteilnehmer weisen des öfteren Aussagen zurück, weil sie mit irgendwelchen Wertgesichtspunkten belastet erscheinen. Zumeist hören wir dann Redewendungen wie: »Das ist eine typisch männliche Behauptung.« »Es geht Ihnen doch nur um die Durchsetzung Ihrer eigenen Interessen.« Zunächst sollten wir bedenken, daß sich die Unterscheidung zwischen normativen und informativen Aussagen wirklich *nur auf Aussagen* bezieht, sie behauptet nichts über soziale Realitäten (wie die Wissenschaft), bei denen Werte zweifellos eine Rolle spielen. Diejenigen, die Aussagen formulieren, haben selbstverständlich vielfältige Interessen, Wünsche und Wertorientierungen. Die Frage lautet daher, ob *Wertungen unvermeidlicherweise in die informativen Aussagen eindringen,* so daß es nicht möglich ist, die besagte Unterscheidung zu treffen. Manchmal wird in diesem Zusammenhang die folgende These vorgebracht, um die unlösbare Verknüpfung von informativen und normativen Aussagen plausibel zu machen: Bestimmte Sachverhalte, die wir mit unseren Theorien zu beschreiben und zu erklären versuchen, *entstehen erst durch unsere Wertungen.* Als Beispiel betrachten wir die folgende Behauptung: »Die Ausländerfeindlichkeit hat in den letzten Jahren zugenommen.« Es sieht so aus, als ob der Begriff »Ausländerfeindlichkeit« bereits mit einem Werturteil verbunden ist – er klingt negativ, abwertend. Das Phänomen der Ausländerfeindlichkeit konstruieren wir – so scheint es – auch durch unsere Bewertung. Liegt hier also eine »unvermeidliche Koppelung von Beschreibung und Bewertung« (Keuth 1989: 64) vor? Dagegen sprechen die folgenden Argumente:

1. Wir können den Begriff »Ausländerfeindlichkeit« umschreiben, indem wir Einstellungen und Verhaltensweisen angeben. Dabei verschwindet die mit dem Terminus »Ausländerfeindlichkeit« einhergehende Bewertung.

2. Es ist ohne weiteres möglich, *anders zu werten, ohne daß der entsprechende Sachverhalt verlorengeht.* Ein rechtsextremer Politiker könnte unsere Behauptung »Die Ausländerfeindlichkeit hat in den letzten Jahren zugenommen« durchaus billigen, dabei aber ein ganz anderes Werturteil anschließen. Diese *Aussage,* mit der wir eine soziale Entwicklung andeuten, hängt also nicht von unserer Bewertung ab. Richtig ist dagegen, daß Werthaltungen bei der Ausländerfeindlichkeit eine Rolle spielen: Denn Werthaltungen sind selber wieder *Sachverhalte, über die wir Aussagen machen können,* insbesondere über ihre sozialen Auswirkungen.

3. *Informative Aussagen enthalten zuweilen normative Komponenten.* Doch in vielen Fällen ist es nicht erforderlich, die Aussagen so umzuformulieren, daß die normativen Bestandteile wegfallen. Insbesondere Begriffe, die häufig negative oder positive Werturteile nahelegen, müssen unserer Kritik nicht im Wege stehen – wir orientieren uns ja ohnehin am Sinn der Aussagen. Beispielsweise läßt sich der Satz »In dünn besiedelten Gebieten (weniger als 100 Einwohner je km) hat die Ausländerfeindlichkeit stärker zugenommen als in dichter besiedelten Regionen« prüfen, obwohl der Ausdruck »Ausländerfeindlichkeit« eine wertende Stellungnahme nahelegt. Bei unserer kritischen Prüfung beziehen wir uns auf das, was die Aussage über die Wirklichkeit behauptet, nicht auf eine etwaige Bewertung dieser Wirklichkeit.

Die Wahl dessen, womit wir uns beschäftigen, wird tatsächlich durch unsere Interessen und Werthaltungen mit beeinflußt. Vielleicht nehmen wir an einer Debatte über Ausländerfeindlichkeit teil, weil uns verschiedene Vorfälle empört haben. Doch unsere Beiträge, die wir während der Diskussion zum besten geben, verdienen nicht schon deshalb Lob oder Tadel. Entscheidend ist allein, ob es sich um Aussagen handelt, die die Erörterung der Probleme voranbringen und die insbesondere den kritischen Prüfungen standhalten. Das gilt auch für solche Ansätze in der Wissenschaft, die »kritisch«, »emanzipatorisch«, »feministisch« oder sonstwie genannt werden. Deren *Ergebnisse*, die Hypothesen und Theorien, unterwerfen wir denselben kritischen Prüfungen wie die Leistungen anderer Ansätze, die auf derartige Prädikate verzichten.

Wie eine bestimmte Werthaltung die Auswahl von Problemen beeinflußt, zeigt sehr gut eine Arbeit von Eva Rieger über Nannerl Mozart. In diesem Fall besteht der vorgeschaltete Gesichtspunkt, der die Selektion steuert, darin, das Leben und Wirken von Musikerinnen genauer zu erforschen. Sie werden nämlich in den traditionellen Biographien bedeutender Künstler eher als Randfiguren behandelt.[13]

»Dank der Frauenforschung hat sich manche Perspektive in der Wissenschaft verändert. Nachdem in der ersten Phase die Folgen der historischen Vernachlässigung oder gar des Ausschlusses von Frauen in den Künsten offengelegt worden waren, geht es nun darum, nicht nur Lücken zu füllen, sondern die Phänomene neu zu bearbeiten. Das bedeutet, Nannerl Mozart nicht wie bisher ausschließlich unter dem Aspekt der kindlichen Reisegefährtin und liebevollen Schwester eines genialen Knaben, sondern eher auf dem Hintergrund der realen Spielräume der Frau im 18. Jahrhundert zu betrachten.« (Rieger 1991[2]: 14 f.) Dieser Ausgangspunkt, der gleichzeitig eine Parteinahme darstellt, führt keineswegs zwangsläufig zu *Aussagen*, die unauflösbar mit normativen Komponenten verknüpft sind. Er führt zu neuen Hypothesen und Problemstellungen. Diese können u.a. dazu verwendet werden, bereits vorliegende Vermutungen – z.B. über die Einstellungen Leopold Mozarts – in Frage zu stellen. Und soweit Bewertungen – moralische wie außermorali-

---

13 Ein Beispiel hierfür dürfte die bekannte Mozart-Monographie von Alfred Einstein (1968) sein.

sche[14] – vorkommen, lassen sich auch diese den kritischen Prüfungen unterwerfen. Die Unterscheidung von normativen und informativen Aussagen läuft keineswegs darauf hinaus, auf Werturteile zu verzichten. Es geht vielmehr darum, *sprachlich zu differenzieren*, also die normativen und informativen Aussagen zu kennzeichnen – während einer Diskussion, in einer Rede und beim Schreiben.

4 Ideologiekritik

Ideologiekritische Verfahren unterscheiden sich in einigen Hinsichten von den bislang erläuterten Mitteln der kritischen Prüfung. Die (traditionelle) Ideologiekritik will im Grunde zeigen, daß bestimmte Aussagen systematisch fragwürdig, eben »ideologisch« sind, weil ihre Herkunft fragwürdig ist. Wir können dabei drei Varianten der Kritik unterscheiden, denen unterschiedliche Hypothesen über den Status von sogenannten Ideologien zugrundeliegen (Schmid 1989: 253).

Die *erste Variante* untersucht die *Entstehung* von Thesen mit der Absicht, die Thesen selbst in Mißkredit zu bringen. So erfolgt z.b. die Behauptung, religiöse Überzeugungen wären ursprünglich betrügerische Erfindungen herrschender Gruppen gewesen, in ideologiekritischer Absicht. *Diese Art von Kritik verstößt gegen unser Postulat, die Aussagen selbst – und nicht etwa deren Herkunft – den kritischen Prüfungen zu unterwerfen.*

Das gilt auch für die *zweite Variante* der Ideologiekritik, die die *Funktionen* von Ideen und Weltanschauungen untersucht. Ein Beispiel hierfür ist die Behauptung, die Religion diene den Interessen der Herrschenden oder der Aufrechterhaltung der sozialen Ordnung und sei schon aus diesem Grund zurückzuweisen. Doch Argumente dieser Art reichen nicht aus, um die informativen wie normativen Aussagen zu Fall zu bringen, die

---

14 Mit außermoralischen Werturteilen beschäftigt sich z.B. Frankena (1981).

Bestandteile religiöser (oder auch anderer weltanschaulicher) Überzeugungen sind. Wir müssen zwischen den Entstehungsbedingungen und den Funktionen einer Ansicht einerseits und deren Qualitäten andererseits unterscheiden. Zwar existieren Zusammenhänge zwischen der Herkunft einer Idee bzw. einer Theorie und einigen ihrer Merkmale – aber in Diskussionen sollten wir derartige mußmaßliche Zusammenhänge *nicht als Einwände* gegen die zu prüfenden Aussagen verwenden. Von Marxisten stammt z.b. die ideologiekritische These, die Soziologie als bürgerliche Wissenschaft sei von den Interessen der herrschenden Klasse beeinflußt.[15] Selbst wenn dies zuträfe, müssen die Theorien und Befunde der Soziologie nicht zwangsläufig unbrauchbar oder falsch sein.

Mit der *dritten Variante* der Ideologiekritik verhält es sich anders. Sie besteht nämlich darin, *logische Beziehungen* in weltanschaulichen Ideengebäuden zu untersuchen und außerdem *überzogene Ansprüche* auf Wahrheit oder normative Gültigkeit zurückzuweisen. Ein ideologiekritischer Einwand dieser Sorte ist zum Beispiel der Hinweis, daß normative und informative Aussagen sprachlich nicht getrennt, sondern auf eine Weise miteinander verknüpft sind, die die Unterschiede verschleiert. *Die Vermengung informativer mit normativen Elementen ist übrigens ein wichtiges Merkmal sogenannter »Weltanschauungen« oder »Ideologien«.*

Selbstverständlich können wir die Herkunft und die Funktionen von Theorien und Weltanschauungen *zum Gegenstand, zum Problem* einer Diskussion machen. Das tun wir z.B., wenn wir herausfinden wollen, warum eine Ideologie noch Anhänger findet, obwohl schwerwiegende Einwände vorliegen (vgl. Kap.

---

15 In einem Nachschlagewerk, das in der ehemaligen DDR gebräuchlich war, lesen wir: »Während in den Gesellschaftswissenschaften die Ideologie der Klassen bereits in der Sammlung und Erklärung der Tatsachen zum Ausdruck kommt, weil diese Wissenschaften die Klasseninteressen unmittelbar berühren, sind die Naturwissenschaften und die technischen Wissenschaften vor allem durch ihre philosophischen Grundlagen und Schlußfolgerungen mit der Ideologie verbunden.« (*Kleines Politisches Wörterbuch* 1988[7], S. 1098).

9). Wir vermeiden es aber, Schlüsse auf die Wahrheit bzw. Falschheit der jeweiligen Theorie zu ziehen (vgl. 6.1). Die Unterscheidung zwischen ideologischen und wissenschaftlichen Aussagen dürfte im übrigen keineswegs so eindeutig sein, wie manche Wissenschaftler vielleicht hoffen. Zumindest korrespondieren wissenschaftliche Hypothesen zuweilen mit ideologischen Kontexten. Ein Beispiel hierfür liefert die Evolutionstheorie, die zeigt, daß scheinbar geplante oder in eine bestimmte Richtung verlaufende Entwicklungen ohne ein eingebautes Ziel bzw. einen Richtungssinn zustandekommen können. Das macht die Evolutionstheorie zu einem beliebten Objekt ideologisch motivierter, hitziger Debatten (vgl. Mayr 1984; Wuketits 1988).

Die antike Atomtheorie – um ein anderes Beispiel zu nennen – galt einigen Philosophen (Epikur, Lukrez) als ein Mittel, um den Menschen die Furcht vor überirdischen, unbegreiflichen Mächten zu nehmen. Doch den wissenschaftlichen Erfolg (oder Mißerfolg) der Atomtheorie beurteilen wir unabhängig von ihren funktionalen und sonstigen Aspekten. So mag die Vorstellung, die gesamte Wirklichkeit setze sich aus Atomen zusammen, tatsächlich viele Menschen von der Furcht vor geheimnisvollen Mächten befreien – ob die Theorie zutrifft oder nicht, ob sie kritischen Prüfungen standhält, ist damit noch längst nicht entschieden.[16] Für die Praxis rationaler Argumentation heißt das: Wenn wir herausfinden wollen, inwieweit informative Aussagen bzw. Theorien stimmen, sollten wir diese möglichst getrennt von ihren ideologischen Komponenten und Kontexten betrachten. Das gilt auch für die praktischen Konsequenzen einer Theorie, also etwa für die Chancen und Risiken, die bei ihrer technischen Umsetzung auftreten. Um Mißverständnisse zu vermeiden, möchte ich noch einmal betonen: Es geht nicht darum, irgendwelche Sachverhalte und Probleme von der Diskussion auszuschließen. So ist es durchaus vernünftig, das Verwertungsinteresse an gentechnischen Projekten und die praktischen

---

16 Daß Hypothesen über die Funktionen von Weltanschauungen nicht mit der Frage nach der Wahrheit in Zusammenhang gebracht werden sollten, erörtert z.B. H. Albert (1989) in seiner Kritik an H. Lübbe (1986).

Konsequenzen solcher Unternehmungen zu diskutieren. Wir müssen aber daran denken, daß eine Theorie – z.B. eine Theorie über den Einfluß der Gene auf das Verhalten – wahr sein kann, auch wenn viele ihrer praktischen Folgen unangenehm sein mögen. Sind also gegenüber der ersten und zweiten Variante der Ideologiekritik Vorbehalte angebracht, so spielt die *dritte Variante* in vernünftigen Debatten eine wichtige Rolle.

Wir können insgesamt sieben Gesichtspunkte zur vernünftigen Prüfung von Ideologien unterscheiden (Salamun 1992):

1. Da ist zunächst die kritische Frage, ob ein Diskussionsteilnehmer *Absolutheitsansprüche* mit seinen Thesen verbindet. Aussagen, die als absolut wahr oder unbezweifelbar deklariert werden, sind verdächtig, weil sie mit überzogenen Ansprüchen einhergehen: Über das, was unfehlbar zutrifft, braucht man eigentlich gar nicht mehr zu diskutieren. Indem wir solche scheinbar unumstößlichen Behauptungen wie Hypothesen behandeln, machen wir sie kritischen Prüfungen zugänglich.

2. Wie kommt es aber, daß derartige Ansprüche allen Ernstes erhoben werden? Zumeist verweisen Diskussionsteilnehmer, die sich im Besitz unfehlbarer Erkenntnisse und Normen wähnen, auf *ganz besondere Quellen* – etwa auf scheinbar unangreifbare Erfahrungen oder irgendwelche Autoritäten. Im 6. und 7. Kapitel setzen wir uns damit noch gründlicher auseinander.

3. Wer Absolutheitsansprüche mit seinen Aussagen verbindet und dabei auf vermeintlich wahrheitsverbürgende Quellen zurückgreift, meint im Grunde, aller rationalen Kritik enthoben zu sein. Da wir aber trotzdem die Mittel kritischer Prüfung anwenden können – z.B. den Vergleich mit bewährten Theorien –, *werden oft Strategien eingesetzt, die jedwede Kritik abwehren sollen.* Unsere Kritik muß dann die Aufgabe erfüllen, solche Taktiken aufzudecken und zurückzuweisen (Kap. 6).

4. Eine weitere ideologiekritische Arbeit, die in politischen Debatten wichtig sein kann, besteht darin, *dichotome Deutungsmuster*, also sog. Schwarz-Weiß-Malereien, in Frage zu stellen

(6.6). In den allermeisten Fällen scheitern solche ideologischen Argumentationsfiguren, sobald wir sie an der Komplexität und der Dynamik der Realität messen.

5. Des weiteren müssen wir auf der Hut sein, wenn *Verschwörungstheorien* in einer Debatte auftauchen. Ein Verschwörungstheoretiker versucht, bestimmte Personen, Gruppen oder sonstige Instanzen für Fehlentwicklungen und Katastrophen verantwortlich zu machen (z.B. die Männer, eine Partei, die abendländische Vernunft etc.). In Wirklichkeit sind aber sehr viele gesellschaftliche Entwicklungen unbeabsichtigte und z.T. unverstandene Resultate menschlichen Handelns. Zwar schmieden wir Pläne – und manchmal werden auch Verschwörungen in Gang gebracht –, doch viele Pläne und Verschwörungen scheitern oder rufen überraschende, ungewollte Nebenwirkungen hervor, führen also nicht zu eindeutig gerichteten Prozessen bzw. Veränderungen. Verschiedene Untersuchungen zeigen, daß der Gebrauch von Verschwörungstheoremen das Problemlöseverhalten beeinträchtigt (Dörner 1989).

6. Problematisch sind auch Ideengebäude, die mit *übertriebenen Hoffnungen und Erwartungen*, mit Heilslehren und Erlösungsversprechungen, einhergehen. Sie scheitern oft an dem oben geschilderten Realisierbarkeitspostulat sowie an den prinzipiellen Schwierigkeiten, zukünftige Entwicklungen vorherzusagen.[17] Leider begünstigt die Hoffnung, mit guten Mächten im Bunde zu sein, häufig eine elitäre bzw. esoterische Haltung – etwa die Einstellung, zu den auserwählten oder irgendwie besseren Menschen zu gehören. Die Bereitschaft zur Kritik wird dadurch massiv beeinträchtigt.

---

17 Ein bekanntes Argument gegen die Unvorhersagbarkeit zukünftiger Entwicklungen stammt von Popper (1974⁴): Der Verlauf der Geschichte wird u.a. durch das menschliche Wissen beeinflußt. Wir wissen heute aber noch nicht, was wir erst in Zukunft wissen werden – könnten wir zukünftiges Wissen vorhersagen, besäßen wir es ja bereits. Daher lassen sich zukünftige Entwicklungen (die durch heute unbekannte Wissensbestandteile beeinflußt werden) nicht vorhersagen.

7. Den letzten ideologiekritischen Gesichtspunkt, den Salamun (1992) erwähnt, haben wir bereits kennengelernt: Gelegentlich verknüpfen Diskussionsteilnehmer informative und normative Aussagen so miteinander, daß der Eindruck entsteht, bestimmte Werturteile und Normen seien mit Hilfe wissenschaftlicher Hypothesen sicher begründet (5.3).

5 Zusammenfassung und weitere Hinweise für die Praxis vernünftiger Argumentation

1. In diesem, dem 5. Kapitel, haben wir die Instrumente der Kritik zusammengestellt, die wir u.a. in Diskussionen benötigen. Die nebenstehende Tabelle faßt die Ergebnisse zusammen.

2. Eine Schwierigkeit in der Praxis erwächst aus dem Umstand, daß das Streben einiger Teilnehmer nach Sicherheit nicht erfüllt werden kann. Manchmal jedenfalls heißt es: »Ich akzeptiere nur Fakten und Beweise.« In diesen Fällen sollten Sie – möglichst kurz – auf den hypothetischen Status all unseres Wissens hinweisen. Hierbei entsteht aber das Risiko, das Thema zu wechseln. Es ist daher sinnvoll, auf solche Situationen vorbereitet zu sein, also einige Formulierungen und zwei, drei Beispiele parat zu haben:

A: »Was wirklich zählt, sind Fakten, Beweise! Unsere Debatte über Entwicklungshilfe ist solange müßig, bis wir nicht genau wissen, weshalb bestimmte Maßnahmen der Entwicklungshilfe nicht richtig funktionieren.«

B: »Bitte bedenken Sie, wie oft wir uns in der Vergangenheit geirrt haben, obwohl wir glaubten, über sicheres Wissen zu verfügen. Jahrhundertelang waren unzählige Menschen – auch Wissenschaftler – davon überzeugt, daß die Sonne um die Erde kreist. Aber wir lernen ja manchmal aus unseren Fehlern. Wir sollten einfach damit fortfahren, Vorschläge für Entwicklungshilfeprojekte zu machen und zu diskutieren. Auf Ihre beiden Argumente gegen Großprojekte, Frau Müller, möchte ich noch kurz eingehen:...«

Aussagen	Beispiele	Geltungsmodus/ Testfragen	Mittel der kritischen Prüfung
informative	Es gibt Quastenflosser. Alle Planetenbahnen sind Ellipsen. Bei irreversiblen Prozessen nimmt die Entropie zu. Wenn Menschen großem Streß ausgesetzt sind, dann nimmt die Fähigkeit ab, Probleme zu lösen.	*Wahrheit* Stimmt die Aussage mit der Wirklichkeit überein?	– logische Prüfung – Vergleiche mit konkurrierenden Aussagen – Prüfung an der Realität – Bezug zum Problem – ideologiekritische Aspekte: geringer Informationsgehalt? Absolutheitsansprüche? Vermengung mit normativen Aussagen? Schwarz-Weiß-Malerei? Verschwörungsideen? Überzogene Erwartungen? Rekurs auf autoritative Quellen?
Mittel-Aussagen (ebenfalls informativ)	Verwende Kamillentee, um deine Beschwerden zu lindern. Militärische Aktionen außerhalb der Nato sind unverzichtbare Maßnahmen zur Begrenzung lokaler Konflikte.	*Geeignetheit* Führt das Mittel wirklich zum Ziel?	– Mußmaßliche Wirkungen herausarbeiten – Prüfung der zugrundeliegenden Hypothesen – Nebenwirkungsanalyse, Kollision mit anderen Zielen und Werten?
normative	Du sollst nicht töten. Den Frieden sollten wir erhalten. Was du nicht willst, das man dir tu, das füg auch keinem anderen zu. Es ist besser, Unrecht zu erleiden, als Unrecht zu tun. Leben ist das höchste Gut.	*Erwünschtheit* Sollen wir das tun? Ist dieser Zustand gut so? Wie würde sich die Welt verändern?	– logische Prüfung – Wertkonflikte herausarbeiten – Konsequenzen herausarbeiten – faire Wirkungen für alle? – Realisierbarkeitspostulat anwenden – Kongruenzpostulat anwenden
außermoralische Werturteile	Deine Niere funktioniert gut.		– Umformulieren in informative Aussagen – Kriterien festlegen

3. Einige Äußerungen, die Diskussionen lähmen können, beziehen sich auf das Gutachterwesen: »Sie können doch für jeden Standpunkt, für jede Maßnahme ein Gutachten erhalten – vorausgesetzt, Sie bezahlen dafür, also was soll die ganze Debatte?«

Diese Bemerkung übertreibt einen – durchaus problematischen – Aspekt unseres Wissenschaftsbetriebs. Sicherlich spielen in vielen Gutachten die spezifischen Interessen der Auftraggeber eine Rolle. Das ist aber kein Grund, der auftragsabhängigen Forschung insgesamt zu mißtrauen. An wirklich gefälschten Ergebnissen dürften nicht allzu viele Auftraggeber interessiert sein; denn die Resultate müssen sich ja oft in der Praxis noch bewähren: Die Rakete soll tatsächlich auf dem Mond landen, das Sonnenschutzmittel den Sonnenbrand verhindern und die Institutsreform bestimmte Abläufe wirklich erleichtern. Allerdings besteht wohl ein Interesse daran, die mutmaßlichen unerwünschten Nebenwirkungen von Maßnahmen und Produkten zu verschleiern.

Eine mögliche Entgegnung auf den Vorwurf der Interessenabhängigkeit aller Aussagen ist die folgende:

»Sie haben teilweise recht: Es gibt geschönte Gutachten und manipulierte Forschungsergebnisse. Das macht kritische Prüfungen eher noch dringlicher, denn auch Gutachten kann man mit vernünftigen Argumenten widerlegen. Und berücksichtigen Sie außerdem, daß konträre Stellungnahmen, Forschungsergebnisse und Gutachten oftmals tatsächlich schwer zu lösende Probleme zum Inhalt haben. Es gibt eben konkurrierende Antworten; wir sollten versuchen, diejenige herauszufinden, die allen anderen überlegen ist.«

Achten Sie aber auch in dieser Situation darauf, das Thema der Diskussion nicht aus dem Blick zu verlieren.

4. In der folgenden sog. »Problemlöseformel«, die Sie in einigen Rhetorik-Büchern finden, erkennen Sie unsere Klassifikation von Aussagen wieder. Es ist eine Gliederung, die Ihnen hilft, einige Ihrer Reden und Diskussionsbeiträge zu strukturieren:

Ausgangsproblem/Schwierigkeiten/ungünstige Entwicklung	*Beispiel* Der Nitratgehalt im Trinkwasser hat zugenommen.
Hypothesen (Mit welchen Bedingungen hängt diese Entwicklung zusammen?)	Ursache hierfür sind intensive Düngungen in der Landwirtschaft. In Weinbaugebieten scheint die Belastung besonders hoch zu sein.
Ziel	Die Belastung sollte unter dem Grenzwert der Weltgesundheitsorganisation (50mg/l) liegen.
Mittel	Veränderungen im Produktionsablauf, die durch politische Maßnahmen (z.b. Steuern) erreicht werden können.
evtl. Aufforderung zur Aktion/Mitarbeit/offene Fragen	

Dieser nützlichen Gliederung liegt unter anderem der folgende Gedanke zugrunde: Zunächst müssen die Ziele feststehen, bevor wir uns mit den Mitteln beschäftigen können. Doch im Verlauf einer Diskussion stellt sich oft heraus, daß ein Ziel, dem bereits alle zugestimmt haben, wieder fragwürdig geworden ist. Denn die Erörterung der Mittel zeigt womöglich: Mit den momentan erreichbaren Mitteln mag es zwar gelingen, den gewünschten Zustand herbeizuführen, aber es treten vermutlich gravierende Nebenwirkungen auf. Die Diskussion über Mittel beeinflußt also auch unsere Zielsetzungen (vgl. Albert 1992). Es ist für alle Diskussionsteilnehmer wichtig, dieses *Wechselspiel zwischen der Erörterung normativer und informativer Aussagen* nachzuvollziehen. Während wir über die Wahrheit oder Falschheit der informativen Aussagen ohne Bezugnahme auf ethische Aspekte sprechen können, umfaßt die Frage, ob ein Mittel geeignet ist, das jeweilige Problem zu lösen, auch normative Aspekte.

5. Referate, die über bestimmte Aspekte der Wirklichkeit informieren, enthalten oftmals keine – oder nur wenige – normative Aussagen. Falls Sie z.b. einen Vortrag über ein wissenschaftliches Problem und die darauf bezogenen Theorien vorbereiten, können Sie die folgende Gliederung verwenden:

Frage/Problem	*Beispiel* Warum unterliegen die Lebewesen einem evolutionären Wandel?
Theorien, die darauf antworten	Z.B. Lamarcks Theorie: Wandel durch direkte Anpassung der Organe; Schöpfungshypothese: Arten sind separat erschaffen worden.
Kritische Einwände	Die Schöpfungsthese widerspricht verschiedenen Beobachtungen – z.B. an kurzlebigen Fliegen – und den fossilen Funden. Lamarcks Thesen werden u.a. durch die moderne Genetik erschüttert.
Eine bewährte Theorie Die Evolutionstheorie und ihre modernen Varianten:	Diese neueren Theorien erklären den Wandel so:....
Offene Fragen/Kontroversen, ungelöste Probleme	Verläuft die Evolution kontinuierlich, gibt es Sprünge? Sind Gene die eigentliche Zielscheibe der Selektion? usw.

Sollte, was ja oft der Fall ist, keine bewährte Theorie vorliegen, verändern Sie diese Gliederung ein wenig, etwa so:

Problem/Frage	*Beispiel* Warum nehmen bestimmte Krebserkrankungen zu?
Konkurrierende Antworten: ein Theorien-Potpourri	– Alterseffekt – Ernährung – Umweltbelastungen – evolutionäre Vorsprünge (Neuanpassungen) gewisser Viren
Vorzüge und Mängel einzelner Theorien	Z.B. kulturübergreifende Korrelation zwischen Lebenserwartung und Krebshäufigkeit usw.
evtl. Verbesserungsvorschläge Lassen sich z.b. einige Theorien miteinander verbinden?	Sowohl Alter als auch Ernährung spielen eine Rolle. Manche Viren und Umweltgifte wirken zusammen.
Prüfschritte vorschlagen	Epidemiologische Untersuchungen, Kulturvergleiche usw.

6. Falls Sie selber irgendeine Untersuchung durchgeführt haben, können Sie Ihren Text (Referat, Diskussionsbeitrag) folgendermaßen gliedern (vgl. Popper 1983: 50 f.):

Fragestellung/Problem	*Beispiel* Erhielt Mozart ein Armenbegräbnis?
Vorliegende Hypothesen	– Ein Armenbegräbnis fand statt. – Es gab keine angemessene Trauerfeier und nur wenige Leute, die Mozart schätzten.
Alternative Hypothese	Kein Armenbegräbnis: Die Leute – z.B. seine Witwe – verhielten sich so, wie es damals üblich war.
Prüfschritte	Vergleiche mit Begräbnissen anderer Künstler, Test mit Hilfe von Dokumenten, z.B. der damaligen Begräbnisordnung.

Resultate	In Wien gab es damals überhaupt keine Armenbegräbnisse. Prunkvolle Zeremonien widersprachen den Idealen der Aufklärung. Das Begräbnis war kein Bestandteil der Trauerfeier usw.
Bewertung/Offene Fragen/Problemverschiebungen	Mozarts Situation erscheint in neuem Licht. Beziehungen zu seinen Zeitgenossen – auch zu seiner Frau – müssen neu gedeutet werden. Etliche einflußreiche Biographien enthalten schwere Fehler.

7. Die drei letzten Vorschläge, Redebeiträge zu gliedern, enden alle mit Fragen – mit Hinweisen auf ungelöste Probleme bzw. Problemverschiebungen. Manchen von uns fällt es allerdings schwer, überhaupt Fragen zu stellen.

»Wer fragt, gibt dadurch zu erkennen, daß er etwas nicht weiß. Wenn wir zum Fragen ermuntern, dann offenbar auch zu dem Eingeständnis, daß wir etwas, einiges, vieles nicht wissen. Wir brauchen also mehr Toleranz gegenüber dem Nichtwissen, gegenüber fremdem und gegenüber eigenem.« (Vollmer 1993: 43) Fragen sind nämlich Bestandteile von Lernprozessen, und sie provozieren Lernprozesse. Nun haben wir oft den Eindruck, daß für einen Teil der Fragen, über die wir debattieren, bereits eine – uns aber noch unbekannte – Antwort gefunden wurde. Während wir nachdenken und diskutieren, waren häufig andere bereits schlauer. Daher trifft zu, was Vollmer (1993) behauptet: Diejenigen, die viel wissen, sind eher in der Lage, gute Fragen zu stellen, Fragen, die sich auf tatsächlich vorhandene Wissenslücken, auf ungelöste Probleme beziehen. Doch das sollte uns keinesfalls entmutigen. Gelungene Diskussionsprozesse helfen uns dabei, Probleme zu erkennen, die wir zuvor stillschweigend übersehen haben (auch wenn es darüber schon etliche Veröffentlichungen geben mag). Wir geraten dadurch in die Lage, Fragen zu stellen, die *wir* für klärungsbedürftig halten. Solche Fragen richten wir also nicht nur an andere – z.B. an Experten auf einem bestimmten Gebiet – sondern auch an uns selbst. Darüber hinaus suchen wir auch fragengeleitet: in Aufsätzen, Stichwortverzeichnissen, Literaturlisten. *Wir bringen nicht nur unser Wissen, sondern auch unser Nichtwissen ins Spiel.*

Kapitel 6

Fehler beim Argumentieren

Im folgenden betrachten wir häufige Fehler, die uns beim Argumentieren unterlaufen. Dabei entwickeln wir einige der Ideen weiter, die in dem Kapitel über Ideologiekritik aufgetaucht sind. Unter den Fehlern befinden sich auch »*faule Tricks*«, d.h. *unfaire Argumentationszüge,* die manchmal mit Bedacht angewendet werden. Das gesamte Kapitel soll Ihnen dabei helfen, *drei Fehler* zu erreichen, nämlich

– eigene Fehler zu erkennen und zu vermeiden,
– Fehler und Tricks der anderen zu durchschauen,
– richtig, also rational und wirkungsvoll, auf die falschen Züge zu reagieren.

I Genetische Fehlschlüsse

Genetische Fehlschlüsse liegen dann vor, wenn von den Entstehungsbedingungen irgendwelcher Aussagen auf deren Qualität geschlossen wird. »Weil Sie als Gewerkschaftlerin bestimmte Interessen verfolgen, dürfte Ihre These ohnehin fragwürdig sein« – wer eine solche Behauptung aufstellt, macht es sich einfach zu leicht, *obwohl* tatsächlich Zusammenhänge zwiscdhen der Herkunft einer Aussage und der Aussage selbst existieren (diesem Problem sind wir bereits in Kapitel 5 begegnet, als wir die Möglichkeiten der Ideologiekritik erörterten). Es scheint drei Gründe dafür zu geben, weshalb Schlüsse dieser Art so häufig vorkommen:

1. Auf den ersten blick sind viele genetische Fehlschlüsse durchaus plausibel, weil ja tatsächlich bestimmte Zusammenhänge zwischen der Quelle, d.h. der Herkunft einer These oder einer Theorie und den daraus hervorgehenden Ergebnissen existieren.
2. Im Alltag entlasten wir uns bei Entscheidungen, indem wir auf vertrauenswürdige Quellen – Personen, Organisationen, Texte – zurückgreifen.
3. Während einer Debatte werden genetische Fehlschlüsse oft benutzt, um unliebsame Thesen in Mißkredit zu bringen.

Was tun sie, wenn Sie an einer rätselhaften Krankheit leiden und Ihnen fünf Ärzte jeweils unterschiedliche Ratschläge erteilen? Wahrscheinlich verlassen Sie sich auf den Arzt, der Ihnen vertrauenswürdig erscheint oder den Sie für besonders kompetent halten. Natürlich ist es ohne weiteres möglich, daß gerade der Arzt Ihrer Wahl schwere Fehler begeht, während eine Ärztin, die Sie überhaupt nicht mögen, über gute Behandlungsmethoden verfügt. Beispiele wie diese zeigen uns: Schlüsse von (tatsächlichen oder vermeintlichen) Eigenschaften einer Person (oder einer anderen Quelle) auf die Qualität der von ihr hervorgebrachten Äußerungen und andere Leistungen scheinen nicht gerechtfertigt zu sein. Doch liegen nicht hin und wieder gute Gründe vor, die uns einen solchen Schluß erlauben? Salmon (1983) bejaht diese Frage: »Nur ein notorischer Besserwisser kann annehmen, daß es niemals erlaubt ist, sich auf Autorität zu berufen ... Wir haben oft gute Gründe anzunehmen, daß die Autorität recht hat.« (Salmon 1983: 184) Salmon denkt dabei an ein *induktives* Verfahren.[1] Nehmen wir einmal an, von einer Person werde behauptet, sie sei Experte auf ihrem Gebiet und begehe nur selten schwerwiegende Fehler. In diesem Fall – so Salmon – ist das folgende Argument, das sogenannte »Argument aus der Autorität«, durchaus korrekt:

---

1 Mit induktiven Verfahren soll zweierlei erreicht werden: (1) Sie dienen dazu, aus einzelnen Beobachtungen allgemeine Hypothesen zu *gewinnen*. (2) Darüber hinaus werden sie benutzt, um Hypothesen mit Hilfe von Erfahrungen zu *begründen*. Beides ist fragwürdig.

»Die überwiegende Mehrzahl der Aussagen, die x über den Gegenstand S macht, sind wahr.

p ist eine von x gemachte Aussage über den Gegenstand S.

p ist wahr.« (Salmon 1983: 185)

Allerdings tauchen hier einige heikle Probleme der Induktion auf, z.b. die Frage, ob das, was sich in der Vergangenheit ereignet hat, auch in der Zukunft eintreten wird.[2] Jemand, der bereits einhundertmal mit hoher Geschwindigkeit in eine Kurve fuhr, ohne daß ihm etwas zugestoßen wäre, verunglückt beim 101. Male. Und Leute, die sich als Lügner einen fragwürdigen Ruf erworben haben, sagen zuweilen doch – vielleicht sogar ungewollt – die Wahrheit. Betrachten wir hierzu noch ein kleines Beispiel: In einem Zimmer sitzen zwei Menschen; der eine möchte dem anderen ein teures Lexikon verkaufen. Schon sieht er sich seinem Ziel nahe, doch der Gesprächspartner ergreift seinen Mantel und will offenbar fortgehen. Um ihn zum Bleiben zu veranlassen, meint der Lexikonverkäufer, der nur vorgibt, durch einen Vorhangspalt zu schauen: »Draußen regnet es in Strömen.« Damit hat er aber keinen Erfolg. Der andere öffnet die Tür und stellt fest: Es regnet tatsächlich. Die frei erfundene informative Aussage erweist sich als zutreffend. Dieses kleine Beispiel illustriert zugleich, *daß Aussagen über ihre Entstehungsbedingungen (Motive, Interessen usw.) hinausreichen.* Wir sollten daher dabei bleiben: Zwar fällen wir im Alltag des öfteren Entscheidungen, indem wir Ratschläge und Behauptungen von Personen heranziehen, denen wir vertrauen. Doch einen korrekten Schluß von der Herkunft einer Aussage – und allen damit irgendwie zusammenhängenden Faktoren – auf deren Geltung scheint es nicht zu geben. In Diskussionen blenden wir daher mußmaßliche Zusammenhänge zwischen den Entstehungsbedingungen und den Qualitäten von normativen oder informativen Sätzen aus. Wir akzeptieren demzufolge auch keine Äußerungen wie diese:»Sie dürfen meinen Behauptungen volles Vertrauen entgegenbringen: Ich beschäftige mich seit Jahren mit

---

2 Induktionsprobleme erläutert Popper (1974[2]); vgl. dagegen Carnap (1992), der sich um induktive Verfahren bemüht hat.

dieser Thematik.« Oder: »Als Gewerkschaftlerin haben Sie natürlich ein Interesse daran, die Sache so dazustellen. Deshalb halten wir es für angebracht, Ihre Behauptungen zurückzuweisen.«

Genetische Fehlschlüsse sind oft mit Angriffen auf eine Person verknüpft. Wie sie damit auf eine rationale Weise umgehen können, erfahren Sie im nächsten Abschnitt.

2 Angriffe auf die Person

Bei den Angriffen auf die Person handelt es sich um eine der *häufigsten Störungen*, um einen fast allgegenwärtigen Fehler in Diskussionsprozessen. Mit dem Angriff auf eine Person sollen indirekt deren Argumente getroffen werden. Das aber bedeutet: In allen (oder zumindest in den meisten) Fällen geht eine solche Attacke mit genetischen Fehlschlüssen einher. Genauer gesagt: Angriffe auf die Person *provozieren* bei den Diskussionsteilnehmern diese Fehlschlüsse – *eben darauf beruht die Wirkung dieser verbreiteten Taktik,* ob diese nun mit Absicht oder unbedacht angewendet wird. Betrachten wir zunächst wieder einige leicht zu durchschauende Beispiele: »Von dieser Thematik verstehen Sie nichts«. Oder: »Als Biologin sollten Sie sich etwas mehr zurückhalten, was wissen Sie schon über die Sicherheitsvorkehrungen in Atomkraftwerken«. Hier wird die Kompetenz einer Diskussionsteilnehmerin in Zweifel gezogen. In beiden Fällen bezieht sich der Kontrahent auf mußmaßliche Merkmale der Person – und eben nicht auf die vorgebrachten Aussagen. *Weil* eine Biologin üblicherweise nicht mit den Sicherheitssystemen der AKWs beschäftigt ist, *deshalb* brauchen wir deren Behauptungen auch nicht ernst zu nehmen – so lautet der genetische Fehlschluß, den die Gesprächspartner im stillen vollziehen, falls niemand das Manöver durchschaut und den richtigen Gegenzug parat hat.

Doch die Angriffe und die durch sie provozierten Fehlschlüsse sind nicht immer so leicht zu erkennen. Manche persönlichen Angriffe erscheinen zunächst viel plausibler, und daher beeindrucken sie die Diskutierenden in stärkerem Maße.

Wie wir bereits festgestellt haben (5.4; 6.1), gibt es durchaus gewisse Zusammenhänge zwischen der Herkunft, den Entstehungsbedingungen von Aussagen und deren Qualität. Wirkungsvolle Angriffe auf Personen appellieren an unser Verständnis dieser vermuteten Beziehungen. Und wer merkt schon, daß wir trotzdem einen logischen Fehler begehen, wenn wir die Herkunft, die Quelle eines Satzes heranziehen, um dessen *Gültigkeit* zu beurteilen? Betrachten wir ein weiteres Beispiel: In Diskussionen über Erziehungsprobleme taucht regelmäßig die kritisch gemeinte Frage auf: »Haben Sie denn überhaupt Kinder?« Wer diese Frage verneint, hat fortan einen schwierigen Stand. Die jeweils anderen meinen nämlich, er bzw. sie könne gar nicht richtig mitreden. In diesem Fall lautet der (unausgesprochene) Fehlschluß etwa so: Weil die Gesprächspartnerin keine Erfahrungen mit eigenen Kindern gemacht hat, ist sie außerstande, die Probleme angemessen zu diskutieren. Ihre – informativen wie normativen – Aussagen sind von vornherein mit einem Makel behaftet. Eine vergleichbare Situation kann eintreten, wenn beispielsweise ein katholischer Priester zu Fragen der Sexualmoral Stellung nimmt. Auch hier liegt der Einwand nahe, daß dem unverheirateten Priester doch die einschlägigen Erfahrungen fehlen, um diskussionswürdige Behauptungen vorzutragen. Einige Probleme und Schwierigkeiten, die mit dem Rekurs auf Erfahrungen verbunden sind, werden wir weiter unten (Kap. 7) noch ausführlich erörtern. An dieser Stelle genügt die folgende Feststellung: Die – impliziten wie expliziten – genetischen Fehlschlüsse stellen in keinem Fall gültige Argumente dar. Sie sind, wie wir wissen (6.1), unzulässig, obgleichh wir andererseits systematische Fehler bei der Formulierung von Aussagen (bzw. Theorien, Normen, Werturteilen etc.) durchaus *zum Thema* einer Diskussion machen können. (Es gelten dann dieselben Regeln wie bei der Erörterung anderer Themen bzw. Probleme.)

Wenn wir den persönlichen Angriffen auf eine sowohl wirkungsvolle als auch rationale Weise begegnen wollen, *müssen wir die Orientierung an den Aussagen wiederherstellen.* Einige der üblichen Empfehlungen (die u.a. in manchen Rhetorik-Büchern zu finden sind) verfehlen aber dieses Ziel. So ist es beispielsweise verkehrt, einen *Gegenangriff* zu starten – was in der Praxis aber häufig geschieht, im oben vorgestellten Beispiel vielleicht so:»Sie sollten mir nicht vorwerfen, daß ich als Biologin keine einschlägige Ausbildung besitze. Alle hier wissen doch, wie oft *Sie* in der Vergangenheit Fehler gemacht haben, offenbar nützt Ihnen Ihr Wissen wenig.« Diese Entgegnung hat zwei Nachteile: Erstens trägt sie womöglich zu einer Emotionalisierung der Debatte bei. Zweitens lädt eine solche Äußerung dazu ein, das Thema zu wechseln, den Problembezug (9.2) aus dem Auge zu verlieren. So könnte sich der nun seinerseits angegriffene Gesprächsteilnehmer veranlaßt fühlen, auf seine tatsächlichen oder vermeintlichen Irrtümer in der Vergangenheit näher einzugehen. Mit diesem Gegenzug gelingt es folglich nicht, die zu prüfenden Aussagen unmißverständlich ins Spiel zu bringen.

Zuweilen reagieren Diskussionsteilnehmer auf einen Angriff sogar mit einer *Rechtfertigung*:»Nun, ich bin zwar eine Biologin, aber ich beschäftige mich – wie Frau X Ihnen bestätigen kann – seit längerem mit den Sicherheitsvorkehrungen in Atomkraftwerken ...« Der Angreifer wird damit geradezu ermutigt, abermals auf die Qualifikationen der Biologin einzugehen. Gelegentlich wird empfohlen, Angriffe auf die Person entschieden zurückzuweisen. Aber auch hier ist Vorsicht geboten. Diese Maßnahme ist nur in solchen Situationen sinnvoll, in denen unsere Integrität auf dem Spiel steht – wenn uns der Kontrahent etwa vorwirft, eine Handlung begangen zu haben, die strafrechtliche oder andere gravierende Konsequenzen nach sich ziehen müßte:»Dieses Gutachten haben Sie bewußt gefälscht, um uns alle zu täuschen.«

In diesem Fall müssen Sie kurz dazu Stellung nehmen:»Ihre Behauptung ist unzutreffend, aus der Luft gegriffen, wie ich nötigenfalls leicht zeigen könnte. Es ärgert mich zwar, daß Sie mir so etwas unterstellen, aber, liebe Kolleginnen, liebe Kollegen, wir sollten uns trotzdem nicht von unserem Thema abbringen lassen. Ihre beiden Thesen, Herr Schmidt, will ich folgendermaßen ergänzen: ...«

Wie also reagieren wir am besten, wenn wir persönlich angegriffen und genetische Fehlschlüsse provoziert werden?

1. In vielen Fällen genügt es, den Angriff einfach zu *ignorieren*, insbesondere wenn die Attacke ziemlich plump ausgefallen ist und bei den anderen Beteiligten augenscheinlich keinen Eindruck gemacht hat. Wir halten die Orientierung an den Aussagen konsequent aufrecht, ohne uns um den Angriff zu kümmern.

2. Manchmal, wenn der Angriff plausibel zu sein scheint, verwenden wir eine der *Formulierungen, die von der Person wegführen und stattdessen zur Kritik an unseren Aussagen einladen,* also: »Bitte beschäftigen Sie sich *nicht mit mir* (meinen Vorlieben, angeblichen Fehlern usw.), sondern zeigen Sie uns, was an meiner *Behauptung* nicht stimmt.« Oder: Solche Äußerungen verfehlen nur selten ihre Wirkung, und sie haben den Vorzug, rational und fair zu sein.

Die sehr häufig benutzte Redewendung »Bleiben Sie doch sachlich« ist nicht empfehlenswert. Es kann Ihnen allzuleicht passieren, daß der Kontrahent entgegnet: »Ja, ich bin sehr sachlich, wenn ich Ihnen vorwerfe ...« Tatsächlich sind persönliche Angriffe zuweilen sachlich, nämlich dann, wenn der Vorwurf stimmt. Aber auch dann kommt es darauf an, den Bezug zu den Aussagen herzustellen.

Die verbreitete Neigung, argwöhnisch nach dem Ursprung einer These zu fragen, hat übrigens auch beim Lesen Nachteile zur Folge. Allzuleicht nehmen wir interessante Aussagen nicht in vollem Umfang zur Kenntnis, weil uns das Grübeln über mutmaßliche Motive und Absichten der Autoren gefangenhält. »Wenn wir uns klarmachen, daß es zutiefst gleichgültig ist, *wer* etwas gesagt hat, verlieren wir zwar allgemein anerkannte Simplifikationsroutinen, aber wir öffnen uns für die Inhalte.« (Schulze 1992²: 82)

3 Naturalistische Fehlschlüsse

Naturalistische Fehlschlüsse beruhen darauf, daß die *Kluft zwischen informativen und normativen Aussagen* auf eine unzulässige Weise überbrückt wird. So wird z.b. aus dem Umstand, daß etwas »von Natur aus da ist« – wie etwa Heterosexualität – gefolgert, dies sei auch gut so (im moralischen Sinn). Zwar ist es möglich, Brücken zwischen den beiden Typen von Aussagen zu bauen (Albert 1980[4]), aber dabei handelt es sich um hypothetische Konstrukte, nicht um logische Schlüsse. Die Frage beispielsweise, ob sich ein bestimmtes Ideal überhaupt realisieren läßt (Kap. 5.2), veranlaßt uns, eine solche Brücke zu bauen, nämlich informative Aussagen zur Kritik an normativen Aussagen zu verwenden. Unzulässig ist es auf jeden Fall, eine normative Aussage irgendwie aus einer informativen abzuleiten. Wer das tut, begeht einen »naturalistischen Fehlschluß«.[3]

Manchmal verwenden wir auch Begriffe, die bei vielen Menschen ein Werturteil *nahelegen*, wie z.b. »Krebs« oder »Revolution«. Tatsächlich war enthalten diese Ausdrücke kein Werturteil – sie verweisen auf Wirklichkeiten, die wir spontan bewerten. Vielleicht erinnern Sie sich noch an das Beispiel »Ausländerfeindlichkeit« in Kapitel 5.3. Aus dem Umstand, daß etwas existiert bzw. so und nicht anders strukturiert ist, folgt keineswegs, daß dies auch so sein *sollte*. Unsere Neigungen, Vorlieben und Wünsche machen hierbei keine Ausnahme – wir können sie beschreiben, ihren Ursprung zu erklären versuchen und, wie jeden anderen Sachverhalt, auch bewerten. »... Und obgleich unsere Vorlieben und Abneigungen eine wichtige Rolle spielen, wenn wir einen vorgeschlagenen Maßstab annehmen oder ablehnen, so wird es in der Regel viele andere mögliche Maßstäbe geben, die wir uns nicht zu eigen gemacht haben: und es wird möglich sein, die Tatsachen mittels eines jeden von ihnen zu beurteilen oder zu bewerten. Das zeigt, daß eine Bewertungsbeziehung zwischen einer fraglichen Tatsache und einem

---

3 Der Ausdruck wird von Moore in seiner berühmten Arbeit *Principia Ethica* aus dem Jahre 1903 verwendet.

(angenommenen oder abgelehnten) Maßstab logisch gesehen etwas ganz anderes ist als eine psychologische Beziehung, wie etwa Vorliebe oder Abneigung...« (Popper 1992[7]: 478)

In Diskussionen erleben wir dagegen oft, daß der bloße Hinweis auf bestimmte Tatbestände uns veranlassen soll, einer normativen Aussage zuzustimmen. Eine verbreitete Variante hiervon ist die Berufung auf die Natürlichkeit eines Sachverhaltes oder eines Verfahrens. Die Behauptung »Wir sind doch von Natur aus darauf eingerichtet, Kinder zu bekommen« löst bei manchen Leuten ein positives Werturteil aus: Was natürlich ist, das ist auch gut. Eine interessante Auseinandersetzung mit diesem Fehler beim Argumentieren stammt aus den fünfziger Jahren des vorigen Jahrhunderts. Der Autor, J.S. Mill, analysiert in einem bedeutenden Essay die trügerische Berufung auf die Natur. Sobald wir, so Mill, eine Sache in einem positiv verstandenen Sinne als »natürlich« deklarieren, haben wir bereits ein Werturteil gefällt. Aus der Fülle natürlicher Abläufe wählen wir etwas aus, das wir mit einem Werturteil verknüpfen, eine voraussetzungsreiche Wahl, denn: »Fast alle, wofür die Menschen, wenn sie es sich gegenseitig antun, gehängt oder ins Gefängnis geworfen werden, tut die Natur so gut wie alle Tage.« (Mill 1984: 30) Diejenigen (tatsächlichen oder vermeintlichen) Naturgegebenheiten, die uns wertvoll erscheinen, pflegen wir mit dem Ausdruck »natürlich« zu kennzeichnen. Doch aus der bloßen Tatsache, daß wir Kinder bekommen können, folgt auf keinen Fall, daß wir Kinder bekommen sollen, daß dies in einem ethischen Sinne geboten ist. Hier gilt, was wir bereits im Zusammenhang mit der Kritik an normativen Aussagen erörtert haben: Die Werturteile, die sich hinter dem Begriff »natürlich« verbergen, müssen als solche veröffentlicht werden.

Negative Bewertungen korrespondieren mit der Feststellung, etwas – z.B. eine Verhaltensweise – sein unnatürlich. Leider begehen Diskussionsteilnehmer oft den Fehler, einen solchen Einwand ernstzunehmen. Sie bemühen sich dann darum, die Natürlichkeit der von ihnen vertretenen Angelegenheit nachzuweisen. Das aber ist völlig unangebracht. Nicht die Natürlichkeit oder Unnatürlichkeit steht zur Debatte, sondern ein normatives Problem. Weisen Sie also auf diesen Unterschied hin, in unserem Beispiel etwa so: »Es geht doch nicht darum, ob wir in der Lage sind, Kinder zu bekommen – das bestreitet ja niemand –, sondern darum, ob wir dies im Lichte ethischer Argumente sollten.«

Auch bestimmte Maßnahmen, Mittel, mit denen wir ein Ziel erreichen wollen, werden hin und wieder als »unnatürlich« bezeichnet. Dahinter müssen sich nicht in jedem Fall unausgesprochene Werturteile verbergen. Manchmal will ein Diskussionspartner damit mußmaßliche Nebenwirkungen andeuten: »Es ist doch sehr unnatürlich, eine Abtreibungspille zu verwenden« – die Teilnehmerin, die sich so äußert, hat womöglich keine moralischen Bedenken. Sie befürchtet vielleicht unerwünschte Nebenwirkungen. Hier ist es empfehlenswert, mit Hilfe von Fragen Klarheit herzustellen.

4 Intentionalistische Fehlschlüsse

Den intentionalistischen Fehlschluß können wir als eine Variante des genetischen Fehlschlusses betrachten. Dieser Fehler unterläuft uns, wenn wir von den *Absichten* (Intentionen) einer Person auf die *Qualität der von ihr hervorgebrachten Aussagen oder Produkte* schließen – also beispielsweise von den guten Absichten einer Referentin auf die Wahrheit der von ihr vorgetragenen Hypothesen. Wir widmen diesem Fehlschluß einen separaten Abschnitt, weil er bei der *Beurteilung von Kunstwerken* eine große Rolle spielt. Es spricht nun wirklich nichts dagegen, einen Künstler danach zu fragen, was er mit einem bestimmten Werk beabsichtigt, wie er es selbst versteht. Viele Menschen glauben allerdings, daß sie eine künstlerische Arbeit schon *verstehen*, wenn sie über die Pläne des Künstlers Bescheid wissen. Dieser Auffassung liegt eine Kunsttheorie zugrunde, die einer kritischen Prüfung nicht standhält (vgl. Dörner 1976; Gombrich 1978; ders. 1991): die Theorie, derzufolge Kunstobjekte – darunter auch sprachliche wie etwa Gedichte – im wesentlichen ein

Ausdruck derjenigen Person sind, von der die Produkte stammen. Der Ausdruckstheorie sind wir bereits begegnet, als wir die Funktionen der Sprache erörtert haben (Kap. 1). Eine Wegbeschreibung – unser Beispiel im 1. Kapitel – *beurteilen* wir danach, ob sie mit den tatsächlichen Gegebenheiten übereinstimmt, eine entscheidende Voraussetzung dafür, daß wir uns an einer solchen Darstellung orientieren können. Die guten Absichten desjenigen, der uns den Weg beschreibt, helfen nicht weiter, wenn seine Angaben entscheidende Fehler enthalten. Wir verfügen offenbar über einen *Maßstab für die Beurteilung, der von den Absichten unabhängig ist.* Darüber hinaus verstehen wir auch eine Darstellung, ohne die Absichten des Autors zu kennen. Und das gilt nicht nur für Wegbeschreibungen, normative Aussagen und Theorien, sondern eben auch für Kunstwerke: »Es kann durchaus sein, daß die beste Interpretation des Werkes den Äußerungen, die der Autor selbst über sein Werk gemacht hat, glatt widerspricht.« (Follesdal u.a. 1986: 118)

Auch Kunstwerke sind Gegenstände kontroverser Diskussionen. Die Beurteilung künstlerischer Arbeiten dürfte aber sehr viel mehr von subjektiven Neigungen abhängen als die kritische Prüfung von Theorien. Trotzdem scheinen auch ästhetische Urteile nicht ganz willkürlich zu sein (obwohl das oft behauptet wird). Kunstwerke sind Bestandteile von Traditionen, zu denen auch Kriterien der Beurteilung gehören. Kritische Debatten müssen auf diese Traditionen Bezug nehmen.

Grundsätzlich sollten wir zwei Fragen auseinanderhalten: Zum einen können wir uns um eine *Interpretation,* um eine Deutung bemühen. In diesem Fall formulieren wir Hypothesen, genauer: Deutungshypothesen über die Inhalte eines Kunstwerks. Dabei dürfen wir auch *berücksichtigen,* was der Künstler dazu meint, denn selbstverständlich hat ein Kunstobjekt, so wie ja auch eine wissenschaftliche Hypothese, etwas mit der Person zu tun, die das Werk geschaffen hat. Aber wir *prüfen* unsere Thesen nicht, indem wir auf die Intentionen des Künstlers zurückgreifen. Dessen Absichten sind also nicht die Realitäten, an denen unsere Deutungen scheitern oder sich als richtig erweisen können. »Natürlich ist es auch kein Fehler, wenn man die Intention des Autors zu verstehen versucht. Ein Fehler wird daraus erst dann, wenn man diese Frage mit dem Verstehen des Werkes selbst verwechselt.« (Follesdal u.a. 1986: 117)

Die zweite Frage bezieht sich auf den Wert, auf den Rang eines Kunstobjekts, den wir versuchsweise bestimmen. Wir fällen dann ein *ästhetisches Werturteil* – hier kommt eine Variante normativer Aussagen ins Spiel (die wir in diesem Buch nicht näher betrachten), die sich von den moralischen Werturteilen unterscheidet. Habermas (1981) hat dies in seiner Typologie der Argumentationsfiguren berücksichtigt.[4]

5 Die Entstellung von Aussagen

Eine ernste – und leider recht häufige – Störung in Diskussionen besteht darin, den Sinn von Aussagen zu verzerren. Unachtsamkeit ist hierfür eine mögliche Ursache: Nicht alle Teilnehmer sind in der Lage, richtig zuzuhören. Vielleicht konzentrieren sie sich zu sehr auf ihre eigenen Vermutungen, anstatt die der anderen zur Kenntnis zu nehmen. Es kommt aber auch vor, daß jemand eine Aussage entstellt, um der Beschäftigung mit ihr aus dem Weg zu gehen. Auf Behauptungen, die mit den jeweils eigenen Hoffnungen und Werthaltungen kollidieren, reagieren manche Menschen mit Abwehr. Überhaupt mangelt es des öfteren an der Bereitschaft, diejenigen Aussagen anzuhören und ernsthaft zu prüfen, die den eigenen Überzeugungen widerspre-

---

4 Das (ein wenig vereinfachte) Schema von Habermas (1981: 45) sieht folgendermaßen aus:

Formen der Argumentation	Geltungsansprüche
theoretischer Diskurs praktischer Diskurs ästhetische Kritik therapeutische Kritik explikativer Diskurs	Wahrheit, Wirksamkeit Richtigkeit von Handlungsnormen Angemessenheit von Wertstandards Wahrhaftigkeit von Expressionen Verständlichkeit

chen (vgl. Böhme 1992). Eine Rolle hierbei spielt wahrscheinlich persönliche Unsicherheit und die damit korrespondierende Neigung, ängstlich an den eigenen Ansichten festzuhalten: »Denn wer es sich nicht leisten kann, die eigene Meinung in Frage zu stellen, wird sich davor hüten, die andere zu verstehen.« (Schlüter-Kiske 1987: 146)

Wie auch immer die Entstellung von Aussagen zustandekommen mag – wir müssen die verzerrte Aussage möglichst schnell korrigieren und richtigstellen. Wir dürfen deshalb nicht lange zögern, weil eine falsch zitierte Behauptung ja in den Diskussionsprozeß eingeht. Im Verlauf der Auseinandersetzung können daraus weitere Aussagen – durchaus korrekt – abgeleitet werden, die Ihnen leicht zu widerlegen sind, obwohl Ihre ursprüngliche Behauptung, bevor sie »verdreht« wurde, ein gutes Argument war. Sie sollten deshalb rasch handeln und Ihre ursprüngliche Aussage unverstellt – vielleicht in einer etwas anderen Formulierung – erneut vortragen. Dabei empfiehlt es sich, eine *Ankündigung* zu verwenden, etwa so: »Die Behauptung, die Sie gerade zurückweisen, entspricht nicht der Behauptung, die ich aufgestellt habe. Meine These lautet: ... Bitte zeigen Sie, was *daran* nicht stimmt.«

6 Die sogenannte Entweder-Oder-Taktik

Die Entweder-Oder-Taktik wird gern verwendet, um einen Adressaten zu einer bestimmten Entscheidung zu drängen. Sie erfreut sich insbesondere bei Demagogen einer gewissen Beliebtheit – auch Hitler machte von dieser Methode häufigen Gebrauch. Es handelt sich dabei um einen Versuch, *den Gesprächspartner mit einem Dilemma zu konfrontieren*, das – scheinbar – nur eine Alternative zuläßt: »Entweder akzeptieren Sie diese Maßnahme oder Sie setzen sich nicht wirklich für den Frieden ein.«

Nicht immer ist dieser »Alternativ-Radikalismus« (Albert 1982) auf Anhieb zu erkennen; denn die Wörter »entweder«

und »oder« müssen in den Formulierungen nicht unbedingt vorkommen, z.B. in Äußerungen wie: »Wenn Sie diese Maßnahme nicht akzeptieren, dann sind Sie nicht wirklich für die Erhaltung des Friedens.« oder: »Wer die ökologischen Anliegen ernst nimmt, muß unserer Partei beitreten.«

Der Entweder-Oder-Taktik liegt eine grobe Vereinfachung der tatsächlichen Verhältnisse zugrunde. Es wird dabei so getan, als gebe es lediglich zwei Möglichkeiten, wobei die eine davon völlig unannehmbar erscheint. Der rationale Gegenzug besteht natürlich darin, die zahlreichen anderen Möglichkeiten – die doch in den allermeisten Fällen bestehen – wenigstens anzudeuten und eine, die akzeptabel erscheint, hervorzuheben:

A: »Entweder betreiben Sie in Zukunft die von uns dargestellte alternative Landwirtschaft oder Sie vergiften, jedenfalls in letzter Konsequenz, die Verbraucher, die Menschen, die Ihre Produkte konsumieren müssen.«

B: »Es gibt noch einige andere Verfahren, mit denen es gelingt, auf eine umweltschonende Weise gesunde Nahrungsmittel herzustellen. Die von Ihnen vorgeschlagene Methode hat im übrigen die zwei folgenden Nachteilen: ...«

Die Entweder-Oder-Taktik wird keineswegs immer mit der Absicht benutzt, den anderen eine Entscheidung aufzudrängen. Manchmal übersehen wir einfach, daß die Wirklichkeit komplexer ist als ein simples Ja-Nein-Schema. Übrigens scheinen Theologen recht häufig derartige Argumentationsmuster zu verwenden, ein Umstand, auf den verschiedene Philosophen (Kaufmann, Bartley, Albert) hingewiesen haben. Hans Küng beispielsweise meint: »Entweder ich halte die Wirklichkeit für vertrauenswürdig und verläßlich – oder nicht; entweder ich lasse mich grundsätzlich auf sie ein – oder nicht.« Einige Zeilen weiter relativiert Küng seinen Alternativ-Radikalismus allerdings: »Ein grundsätzliches Vertrauen in die Wirklichkeit schließt ein Mißtrauen im Einzelfall keineswegs aus.« (Küng 1979: 24) Und Karl Rahner schreibt über die von ihm postulierte Instanz, die er das »ewige Geheimnis« nennt: »Wenn man sich ihm nicht liebend ergibt, kann man es nur empört leugnen, wenn man sich die Zeit dazu nimmt, oder man kann es verdängen...« (Rahner 1982: 297) Er scheint seinen Lesern immerhin drei Möglichkeiten einzuräumen: liebende Ergebung, empörte Leugnung, Verdrängung.

Wenn Sie mit derartigen Manövern konfrontiert werden, sollten Sie nach weiteren Optionen Ausschau halten. Lassen Sie sich nicht erpressen! So ist es – um bei unserem letzten Beispiel zu bleiben – unter anderem möglich, die Gotteshypothese zu leugnen, ohne sich dabei zu empören oder sonstwie aufzuregen. Manche Leute ziehen es vor, die Entscheidung über die Annahme oder die Verwerfung einer Hypothese einfach offenzuhalten – und selbstverständlich existieren darüber hinaus noch weitere Möglichkeiten, z.b. könnte jemand mit der speziellen Gotteshypothese, die Rahner anbietet, nicht einverstanden sein und eine konkurrierende vorschlagen. Falls ein Diskussionsteilnehmer häufiger auf die Entweder-Oder-Taktik zurückgreift, müssen wir kurz darauf hinweisen, daß die Auseinandersetzung mit nur zwei Möglichkeiten den komplexen Gegebenheiten nicht gerecht wird:»Uns stehen doch mehr als zwei Optionen zur Verfügung. Die von Ihnen nun schon mehrmals vorgetragene Alternative stimmt nicht. Denken Sie doch nur an die beiden folgenden Möglichkeiten, über die wir noch diskutieren sollten...«.

Wie die meisten anderen Fehler und Tricks verliert auch die Entweder-Oder-Taktik ihre Wirkung, sobald die durchschaut und mit vernünftigen Argumenten zurückgewiesen wird.

7 Immunisierungsstrategien

Die Immunisierungsstrategien dienen dazu, Aussagen vor kritischen Prüfungen zu schützen. Wie wir gleich sehen werden, ist es im Prinzip immer möglich, Thesen so zu gestalten, daß sie kritischen Einwänden schwer zugänglich sind. Aber wir können immun gemachte Aussagen trotzdem kritisieren, indem wir auf die Möglichkeit der Ideologiekritik (Kap. 5.4) zurückgreifen und die Immunität aufheben. Sicherlich begünstigt der Wunsch, recht zu behalten, die Anwendung von Immunisierungsstrategien. Und bedauerlicherweise gibt es Menschen, bei denen die Hoffnung, eine bestimmte Überzeugung möge wahr sein, so mächtig ist, daß ihnen die Möglichkeit nicht mehr offenzustehen scheint, kritische Argumente zuzulassen. »Wer wirklich an der Wahrheit Interesse hat, wird so verfahren, daß er gerade Auffassungen, die er für besonders wichtig hält, am schärfsten der kritischen Prüfung aussetzt, nicht nur diejenigen, die er ohnehin leichten Herzens zu opfern bereit ist.« (Albert 1980[4]: 113)

Jedenfalls gehört die Sehnsucht nach Gewißheiten, nach unerschütterlichen Überzeugungen, zu denjenigen Faktoren, die den Verlauf einer Debatte stark beeinträchtigen können. Wahrscheinlich rufen die Immunisierungsstrategien bei denjenigen, die sie gerne verwenden, das Gefühl hervor, auch tatsächlich im Recht zu sien.

Mit welchen Verfahren der Immunisierung müssen wir im Verlauf einer Debatte rechnen?

1. Eine Methode läuft darauf hinaus, die These möglichst vage zu formulieren, so daß deren Informationsgehalt niedrig bleibt. Aussagen mit geringem Informationsgehalt lassen sich deshalb so schwer prüfen, weil sie zu viele Möglichkeiten offenlassen, also nur wenige Ereignisse ausschließen (vgl. 5.1):

»Wenn der Hahn kräht auf dem Mist, dann ändert sich das Wetter oder es bleibt, wie es ist.« Ohne Schwierigkeit können wir den Informationsgehalt dieser Aussage steigern, indem wir sie ein wenig verändern: »Wenn der Hahn kräht auf dem Mist, dann verändert sich das Wetter innerhalb der nächsten drei Tage.« Jetzt verbietet die Aussage bestimmte Ereignisse – beispielsweise dürfte sich, falls die Behauptung zuträfe, das Wetter nicht erst am 4. Tag ändern. (Dieses Beispiel enthält freilich noch einige Unklarheiten, die etwa den Zeitpunkt des Krähens betreffen – was sollen wir mit der Aussage anfangen, wenn der Hahn ständig bzw. häufig kräht?)

Sobald Sie den Eindruck gewinnen, ein Gesprächspartner benutze vage Formulierungen, um kritischen Argumenten auszuweichen, sollten Sie ihn eine Frage wie die folgende stellen: »Was genau behauptet Ihre Hypothese über die Wirklichkeit?« Oder: »Welche Möglichkeiten sehen Sie, Ihre These zu prüfen? Halten Sie diese z.b. auch noch aufrecht, wenn wir X und Y beobachten können?«

2. Ein beliebtes Verfahren ist, Thesen *nachträglich* zu modifizieren, wenn bereits starke Einwände vorliegen oder dabei Entwicklungen aufgetreten sind, die den ursprünglichen Aussagen zufolge eigentlich gar nicht hätten auftreten können. Insbesondere die Verfechter von Weltanschauungen bzw. Ideologien passen ihre Lehren gerne nachträglich den neuen Bedingungen an. nachdem die sozialistische Revolution nicht – wie von Marxisten erwartet – in einem industriell entwickelten Land stattfand (sondern im agrarischen Rußland), modifizierten Lenin und Stalin den Marxismus entsprechend. Entscheidend dabei ist, daß die unerwarteten Ereignisse nicht zu wirklich kritischen Prüfungen der Lehre und ihrer Grundlagen benutzt wurden – Veränderungen eines theoretischen Gebäudes sind ja durchaus vernünftig, wenn sie ein Ergebnis kritischer Erörterungen darstellen.

Die nachträgliche Anpassung kann auch durch eine begriffliche Revision erfolgen. Ein Begriff wird zwar beibehalten, aber er bedeutet fortan etwas anderes. In diesem Zusammenhang sollten wir uns an den Grundsatz erinnern (vgl. Kap. 4), nicht zu lange über Begriffe und Definitionen zu reden. Es geht um die Aussagen, in denen die Begriffe vorkommen. Hinter den begrifflichen Veränderungen, die zum Zwecke der Immunisierung erfolgen, verbergen sich in Wirklichkeit – z.T. weitreichende – Umstrukturierungen der ursprünglichen Thesen, die der expliziten Kritik entzogen bleiben sollen. Die Frage beispielsweise »Was ist Marxismus?« führt zu unfruchtbaren Auseinandersetzungen, wenn wir nicht die Hypothesen betrachten, die im Kontext des Marxismus eine Rolle spielen. Es besteht die Neigung, diejenigen Begriffe, die dogmatische Weltanschauungen kennzeichnen, stets so zu verwenden, daß kritische Prüfungen erschwert werden. Auf die Frage, was für den »orthodoxen

Marxismus« charakteristisch sei, antwortet der marxistische Theoretiker Georg Lukács in seinem Buch *Geschichte und Klassenbewußtsein* folgendermaßen: »Orthodoxie in Fragen des Marxismus bezieht sich ausschließlich auf die *Methode*. Sie ist die wissenschaftliche Überzeugung, daß im dialektischen Materialismus die richtige Forschungsmethode gefunden wurde, daß diese Methode nur im Sinne ihrer Begründer ausgebaut, weitergeführt und vertieft werden kann. Daß aber alle Versuche, sie zu überwinden oder zu ›verbessern‹, nur zur Verflachung, zur Trivialität, zum Eklektizismus geführt haben und dazu führen mußten.« (Lukács 1968: 59) Das klingt schon beinahe so, als hätten diejenigen, die diese Methode beherrschen, den Stein des Weisen gefunden. Die Wirkung solcher Strategien der Immunisierung hat sicherlich Grenzen. Aber es ist doch erstaunlich, welche Veränderungen an einer Ideologie möglich sind, ohne daß das System als ganzes aufgegeben wird.

Doch nicht nur in ideologischen Debatten spielt die Methode eine Rolle, den Sinn von Aussagen zu modifizieren, um der Kritik auszuweichen. Diskussionsteilnehmer versuchen häufig, Einwände abzuwehren, indem sie ihre ursprünglichen Thesen schwächer formulieren. Manchmal gehen harmlos klingende Behauptungen mit weitreichenden Änderungen der ursprünglich vertretenen Aussage einher: »Mein Kulturbegriff ist viel umfassender.« Oder: »Ich lege eben einen weiten Begriff der Religion zugrunde.«

In solchen Fällen sollten Sie prüfen, ob sich der Sinn der zur Kritik anstehenden These (und nicht die Bedeutung des Begriffes) verschoben hat. Eine Diskussionsteilnehmerin behauptet z.B. zunächst: »Die Kirchenaustritte täuschen darüber hinweg, daß heute mehr Menschen die christliche Religion akzeptieren als in den 60er Jahren.« Gegen diese Aussage werden im Laufe der Diskussion Einwände erhoben. So weist jemand auf eine Umfrage hin, aus der hervorgeht, daß zunehmend mehr Leute an der göttlichen Natur Jesu zweifeln. Sobald nun die Gesprächspartnerin ihren weiten Religionsbegriff ins Feld führt, weicht sie von ihrer ursprünglichen (auf die christliche Lehre bezogenen) Aussage ab – ohne dies jedoch klarzustellen. Auch in dieser Situation sollten Sie die Orientierung an den Aussagen nicht aufgeben. Fragen Sie also nicht: »Was verstehen Sie unter Religion?« – die Teilnehmerin würde nicht zögern, ein kleines Referat darüber zu halten, wie der Begriff definiert werden könnte (statt die Aussage zu prüfen). Fordern Sie statt dessen die Diskussionsteilnehmerin auf, genau zu sagen, was ihre These über die Wirklichkeit behauptet, etwa so: »Welche religiösen und insbesondere christlichen Inhalte – welche Wertvorstellungen, welche Weltbilder – werden heutzutage mehr akzeptiert als in den 60er Jahren?« Anders sieht die Sache natürlich aus, wenn wir eine zunächst plausibel erscheinende These *explizit – als ein Ergebnis der Kritik – abschwächen*, also in ihrer ursprünglichen Form bewußt zurückweisen.

3. Eine weitere Variante der Immunisierungstaktik ist die folgende: Eine Theorie, die mit bestimmten Beobachtungen nicht übereinstimmt, läßt sich immer noch retten, indem wir eine *ad-hoc-Hypothese,* eine Hilfshypothese einführen. Eine ad-hoc-Hypothese ist nicht zwangsläufig falsch; sie kann stimmen. Nehmen wir einmal an, wir sagen mit Hilfe einer Theorie voraus, daß ein Kind Fieber bekommt, sobald charakteristische Hautveränderungen – Symptome einer bestimmten Erkrankung – auftreten. Doch obwohl wir die Flecken auf der Haut identifiziert haben, zeigt das Fieberthermometer eine völlig normale Temperatur an. Nun können wir, da wir die ursprüngliche Vermutung nicht vorschnell aufgeben wollen, behaupten, die Messung sei deshalb fehlgeschlagen, weil das Thermometer nicht funktioniert habe – und diese ad-hoc-Hypothese kann sich als zutreffend erweisen. Doch es ist uns in diesem Fall ohne weiteres möglich, weitere *Prüfschrittep* anzugeben und zu verwirklichen. Wir verwenden z.B. ein anderes Meßgerät, das wir zuvor getestet haben. Sollten weitere Messungen nicht mit unseren Erwartungen übereinstimmen, steht uns immer die Möglichkeit offen, zusätzliche ad-hoc-Hypothesen ins Spiel zu bringen – sofern wir unbedingt an unserer Überzeugung festhalten wollen. Im Extremfall postulieren wir eine geheimnisvolle, unbekannte Größe, die beim Vorliegen der betreffenden Krankheit

die Fiebermessung systematisch vereitelt. Verdächtig sind derartige Hilfskonstruktionen, wenn sie keine Bestandteile bewährter Theorien darstellen. *Sofern ad-hoc-Hypothesen die Prüfbarkeit der zur Kritik anstehenden Theorie einschränken,* liegt die Vermutung nahe, daß sie der Immunisierung dienen.

Betrachten wir ein einfaches Beispiel, in dem es nicht um eine komplizierte Theorie geht: Eine Frau behauptet, mittels »übersinnlicher« Kräfte Gegenstände beeinflussen zu können. Sie ist auch bereit, einigen skeptischen Zeitgenossen, die diese Aussage prüfen möchten, eine Probe ihrer Fähigkeiten zu liefern. Doch die Versuche, einen Löffel ohne Gewaltanwendung zu verbringen, schlagen fehl. Daraufhin meint unsere angeblich paranormal begabte Person: »Hier gibt es negative Energien im Raum – vielleicht, weil zu viele Spektiker versammelt sind –, die meine übersinnlichen Kräfte stören.« Eine unbekannte Größe, die kein Bestandteil einer bewährten Theorie ist (»negative Energien«), wird also postuliert, um das Ausbleiben eines Effektes zu erklären (der zudem ebenfalls durch eine unbekannte »Kraft« hervorgerufen werden soll). Hier stellt sich die kritische Frage, unter welchen Bedingungen jemand überhaupt bereit wäre, die These der übersinnlichen Begabung aufzugeben.

Übrigens krankt die Diskussion über Phänomene dieser Art (wie die sog. Psychokinese in unserem Beispiel oder Hellsehen, Geistheilung usw.) daran, daß der bloße Nachweis solcher Ereignisse im Vordergrund steht – eine plausible, prüfbare Theorie gibt es hier gar nicht.

Eine weitere Immunisierungsstrategie hängt mit der Relativismusproblematik zusammen, die Gegenstand des 8. und 9. Kapitels ist. Sie läuft darauf hinaus, die Kritik durch Hinweise auf unhintergehbare Voraussetzungen abzuwehren, auf Voraussetzungen, die angeblich immun gegen Kritik sind und nur geglaubt werden können. Auch derjenige, der Kritik übt, so heißt es, müsse ja an etwas glauben, denn die Kritik hänge schließlich ebenfalls von bestimmten Voraussetzungen ab. Daran ist lediglich richtig, daß wir nicht in der Lage sind, während unserer Kritik gleichzeitig alle Voraussetzungen dieser Kritik zu untersuchen. Das veranlaßt uns aber nicht, von unseren Vorbehalten abzurücken und die Kritik einzustellen.

8 Die Definitionen-Abfrage

Es gibt Diskussionsteilnehmer, die – unwissentlich oder wissentlich – den Umstand ausnutzen, daß es keine endgültigen Definitionen geben kann. Sie fragen nach den Definitionen irgendwelcher Begriffe, um Zeit zu gewinnen oder um die anderen in Verlegenheit zu bringen. Entsprechend heißt es in einem Rhetorik-Buch: »Zwingen Sie Ihren Gesprächspartner, seine Begriffe zu definieren. Sie werden feststellen, wie leicht er in Verwirrung gebracht werden kann. Wer kann schon eine unangreifbare Definition angeben? Versuchen Sie es einmal mit dem Begriff ›Honig‹.« (Ruhleder 1982²: 201)

Einen Definitionen-Abfrager erkennen wir meistens schon an seiner ausgeprägten Vorliebe für bestimmte Redewendungen, wie: »Was wollen Sie eigentlich mit dem Ausdruck ›vernünftig‹ sagen?« Oder: »Was bedeutet für Sie eigentlich der Begriff ›Gerechtigkeit‹?« Hier gilt, was wir unter 4 erörtert haben. Auch gegenüber einem hartnäckigen Definitionen-Abfrager sollten Sie die Orientierung an den Aussagen aufrechterhalten. Weisen Sie während der Debatte darauf hin, daß es Ihnen um die anstehenden Fragen bzw. Probleme und um die darauf bezogenen Hypothesen geht.

9 Die Bezugnahme auf performative Widersprüche

Aussagengebäude bzw. Theorien sollten in sich stimmig, d.h. frei von Widersprüchen sein. Sobald Widersprüche auftreten, haben wir einen Anlaß, Kritik zu üben (Kap. 5). Doch Menschen tun oft sehr widersprüchelichen Dinge. So kommt es z.B. häufiger vor, daß unsere Aussagen nicht mit unseren Handlungen übereinstimmen. Diesen Umstand machen sich einige Diskussionsteilnehmer zunutze. Sie weisen auf derartige »performative Widersprüche« hin, um die Behauptungen in Mißkredit zu bringen.

Ein performativer Widerspruch liegt also vor, wenn jemand in seiner Praxis eigene Aussagen nicht berücksichtigt oder ihnen zuwiderhandelt – hierbei geht es nicht um logische Beziehungen. Derartige Widersprüche sollten wir keinesfalls mit den sog. »performativen Selbstwidersprüchen« verwechseln, um deren Nachweis einige Philosophen bemüht sind, die letzte Begründungen im Bereich der Ethik für wichtig und möglich halten (Kuhlmann 1993). Tatsächlich verfehlen Hinweise auf performative Widersprüche nur selten ihre Wirkung. Wer dabei ertappt wird, anders zu reden als zu handeln, hat in Diskussionen einen schweren Stand. Die Neigung, auf performative Widersprüche Bezug zu nehmen, hängt damit zusammen, daß wir in Debatten meist nicht konsequent genug die Aussagen unabhängig von den Personen betrachten, von denen die Aussagen stammen. Doch die informative Aussage eines Diskussionsteilnehmers kann durchaus stimmen, obwohl er in seiner eigenen Praxis, in seinem eigenen Handeln, seine Aussage selbst nicht umsetzt. Und eine normative Aussage mag auch dann einer kritischen Prüfung standhalten, wenn nur wenige Menschen ihr Verhalten daran orientieren. Stellen Sie sich vor, Ihre Hausärztin rät Ihnen dringend, sofort das Rauchen aufzugeben. Die Tatsäche, daß Ihre Ärztin offenbar selbst nicht in der Lage ist, von dieser Sucht loszukommen, macht ihren Ratschlag nicht weniger plausibel.

Verweise auf performative Widersprüche können für einzelne Personen durchaus hilfreich sein; günstigenfalls tragen sie dazu bei, das Verhalten zu ändern. *Aber die Bloßlegung performativer Widersprüche eignet sich nicht zur kritischenn Prüfung von Aussagen.* Lassen Sie sich also nicht von Ihren Argumenten abbringen, wenn ein Gesprächspartner solche Widersprüche aufdeckt:

A: »...Das also sind nach meiner Einschätzung die vier wichtigsten Argumente dafür, ein Tempolimit auf Autobahnen einzuführen.«

B: »Da muß ich Ihnen aber entgegenhalten, daß Sie es selbst nicht so genau nehmen. Denken Sie nur an den Bußgeldbescheid, den Sie letzte Woche erhalten haben.«

A: »So etwas passiert mir äußerst selten.«

B: »Aber Sie können doch nicht von anderen erwarten, die Tempo-100-Regelung zu akzeptieren, wenn Sie selber viel schneller fahren. Und warum haben ausgerechnet Sie sich einen leistungsstarken Wagen angeschafft?«

A: »Jetzt bringen Sie aber etwas durcheinander. Leistungstarke Autos sind ja auch sicherer; wir müssen sie nicht benutzen, um damit besonders schnell zu fahren.«

Bereits die Entgegnung von A »So etwas passiert mit äußerst selten« ist ungeeignet, weil sie dem Hinweis auf einen performativen Widerspruch entgegenkommt. Rechtfertigungen erschweren stets den Verlauf einer Debatte; denn damit treten persönliche Merkmale bzw. Verhaltensweisen in den Vordergrund. Vernünftiger ist es, performative Widersprüche während einer Diskussion auszublenden, obgleich wir in anderen Zusammenhängen gut beraten sind, Widersprüche dieser Art ernstzunehmen. Eine vernünftige Entgegnung, die dazu beiträgt, die Orientierung an den Aussagen und den Problemen wiederherzustellen, ist beispielsweise die folgende:

A: »Lassen Sie uns bitte während der Diskussion nicht über meine und Ihre Gewohnheiten, Fehler und Versäumnisse reden. Ich habe vier Argumente vorgelegt. Richten Sie Ihre Einwände bitte gegen diese Argumente.«

Kapitel 7

»Ich habe aber die Erfahrung gemacht...«– wie wir mit Hinweisen auf Erfahrungen umgehen

Nachdem wir uns mit den häufigsten Fehlern beim Argumentieren vertraut gemacht haben, betrachten wir nun etwas gründlicher die Beziehungen zwischen Erfahrungen und Hypothesen bzw. Theorien. Dabei werden wir weiteren Fehlern und damit zusammenhängenden Schwierigkeiten begegnen, die uns in Diskussionen zu schaffen machen. Hinweise auf Erfahrungen kommen in Debatten recht häufig vor – und sie sind ja auch tatsächlich, richtig angewendet, ein Mittel der kritischen Prüfung. Viele Teilnehmer greifen auf Erfahrungen zurück, die sie selbst gemacht haben. Etwas, das wir selbst beobachten, hören oder fühlen, ist irgendwie unabweisbar. Dies erklärt, allerdings nur teilweise, die *Bereitschaft, eigene Erfahrungen besonders wichtig zu nehmen,* ihnen in hohem Maße zu vertrauen. Besonders gilt das für die heutige Zeit, in der die uns umgebenden Wirklichkeiten einem schnellen Wandel unterliegen, der viele Menschen verunsichert. Die eigenen Erfahrungen gewinnen unter diesen Bedingungen eine besondere Attraktivität: Sie scheinen sich nicht widerlegen zu lassen; und niemand kann einer anderen Person die Erfahrungen einfach ausreden. Daher betrachten viele Zeitgenossen ihre Erfahrungen als einen Besitz, der ihnen auch in einer sich ständig verändernden Welt nicht genommen werden kann.

Erfahrungen werden häufig auch herangezogen, um Behauptungen zu begründen. Leider beendet der Rekurs auf solche Erfahrungen in vielen Fällen die kritische Auseinandersetzung; denn nicht wenige scheinen zu glauben, damit an einem Endpunkt angelangt zu sein, zumal etliche Erfahrungen mit einem Gefühl der Gewißheit, mit einem Evidenzerlebnis, einhergehen. Doch Erfahrungen sind trügerische Instanzen, auch wenn sie bei unseren alltäglichen Angelegenheiten oft (aber keineswegs immer) hinreichend verläßlich sind. Wir haben keinen Anlaß, unseren Erfahrungen so ohne weiteres zu trauen; denn sie führen uns oft genug in die Irre. Warum das so ist, möchte ich in dem nun folgenden Abschnitt erläutern.

I Theorien und Erfahrungen – einige Erläuterungen

Wir beginnen mit einem Beispiel, das ein gewisses Licht auf die Beziehungen zwischen Erfahrungen und Theorien wirft: Die Erde steht still. Davon waren die allermeisten Menschen bis in die Neuzeit hinein überzeugt.[1] Tatsächlich sprechen viele Beobachtungen für den Stillstand der Erde – und diese Beobachtungen wurden auch argumentativ ins Feld geführt, um die geozentrische Hypothese zu verteidigen, nachdem eine alternative Theorie als ernsthafte Konkurrentin auftrat (Blumenberg 1981; Kuhn 1981). So *erleben* wir z.B. – damals wie heute – eine ruhende Erde, eine Erde, auf der wir aufrecht gehen und Häuser erbauen können. Wenn wir einen Stein nach oben werfen, fällt er genau dorthin zurück, woher er geworfen wurde; sollte sich die Erde weiterbewegen, dürfte dies eigentlich nicht der Fall sein.

Noch überzeugender ist das folgende Argument, das sich ebenfalls auf alltägliche Beobachtungen stützt: An windstillen Tagen sehen wir oft, daß eine Wolke eine Zeitlang über uns

---

1 Die vorsokratischen Naturphilosophen (Thales, Anaximander) waren vermutlich die ersten, die geozentrische Hypothesen aufstellten. Das Modell des Ptolemaios (ca. 100-170) spielte bis in die Neuzeit hinein eine Rolle. Allerdings gab es bereits in der Antike einige Philosophen (z.B. Philolaos), die – den alltäglichen Erfahrungen zum Trotz – eine kühne Alternative entwickelten, nämlich das heliozentrische Weltbild (vgl. Stückelberger 1988).

schwebt. Aber die Wolke müßte doch zurückbleiben, sofern wir uns mit der Erde fortbewegen. Diese Beispiele illustrieren den folgenden Sachverhalt: Sowohl die Erfahrungen, die wir eher zufällig machen, als auch die methodisch angeleiteten Erfahrungen (wie systematische Beobachtungen) sind stets mit mehreren – einander ausschließenden – Theorien verträglich. Deshalb ist es problematisch, Erfahrungen heranzuziehen, um eine ganz bestimmte Hypothese zu stützen. Aber es spricht für eine Theorie, wenn es bisher nicht gelungen ist, sie mit Hilfe von Erfahrungen zu widerlegen. *Sobald wir uns darum bemühen, bestätigende Erfahrungen zu suchen, sind wir nicht kritisch genug. Zu leicht finden wir irgendwelche Erfahrungen,* die unsere Thesen – scheinbar – stützen. Vernünftig ist es, nach Ereignissen Ausschau zu halten, die von der Theorie, die wir prüfen wollen, ausgeschlossen werden. Treten diese Ereignisse dennoch auf, büßt die zur Prüfung anstehende Theorie an Plausibilität ein – es sei denn, wir finden eine prüfbare Erklärung dafür, weshalb wir in diesem Fall die Ereignisse doch beobachten oder sonstwie in Erfahrung bringen konnten[2] (vgl. 6.7: ad-hoc-Hpothese). *Mit Hilfe der Theorien gelingt es uns, zu erklären, weshalb bestimmte Erfahrungen überhaupt zustandekommen.* Die Beobachtung der auf- und untergehenden Sonne erklären wir unter anderem mit der Annahme der Erdbewegung, also mit einer Hypothese, deren Ursprünge wir bis in die Antike zurückverfolgen können (Schultz 1990; Stückelberger 1988), die aber noch in der beginnenden Neuzeit umstritten war. Die Behauptung, Kopernikus hätte eben genauer und gründlicher beobachtet als seine Widersacher und so die »richtige«, die heliozentrische Hypothese gefunden, trifft nicht zu. Einerseits machten die Forscher mehr und mehr Beobachtungen, die mit der herkömmlichen (ptolemäischen, geozentrischen) Theorie nicht gut in Einklang zu bringen waren – es traten also Ereignisse auf, die *im Lichte der bislang akzeptierten Theorie* nicht auftreten durften. Andererseits ließ sich Kopernikus von bestimmten Annah-

---

2 Viele Ereignisse, die in der Wissenschaft zu Prüfzwecken benutzt werden, lassen sich nicht direkt beobachten.

men leiten, z.B. von der traditionellen Idee, die Himmelskörper müßten sich auf vollkommenen Kreisbahnen bewegen. Diese Spekulation, die keineswegs das Ergebnis systematischer Beobachtungen war, gehört zu den wichtigsten Bestandteilen dessen, was wir die »kopernikanische Revolution« nennen. Und gerade diese Annahme, die Lieblingsidee des Kopernikus, stellte sich später als falsch heraus.

Indem wir Erfahrungen machen, begegnen wir keineswegs unmittelbar der Wirklichkeit. Jede Erfahrung ist hypothesengetränkt – und Hypothesen können falsch sein. Mit unseren abstrakten Theorien überschreiten wir daher nicht nur die Erfahrungen, sondern auch die damit korrespondierenden Hypothesen. Viele wissenschaftliche Theorien sind zudem prinzipiell unanschaulich und *kontra-intuitiv*. Sie kollidieren mit unseren alltäglichen Erfahrungen und widersprechen dem sogenannten »gesunden Menschenverstand«, der gelegentlich auch in Diskussionen beschworen wird (vgl. Alt 1990; Fischer 1992; Vollmer 1986). Untersuchungen zeigen, daß Menschen bei der Lösung relativ einfacher Probleme auf intuitiv näherliegende Vermutungen zurückgreifen, anstatt die ihnen durchaus bekannten Theorien anzuwenden, mit denen die Aufgaben bewältigt werden können.

Stellen Sie sich einmal vor, mit einer Kugel in der Hand los-

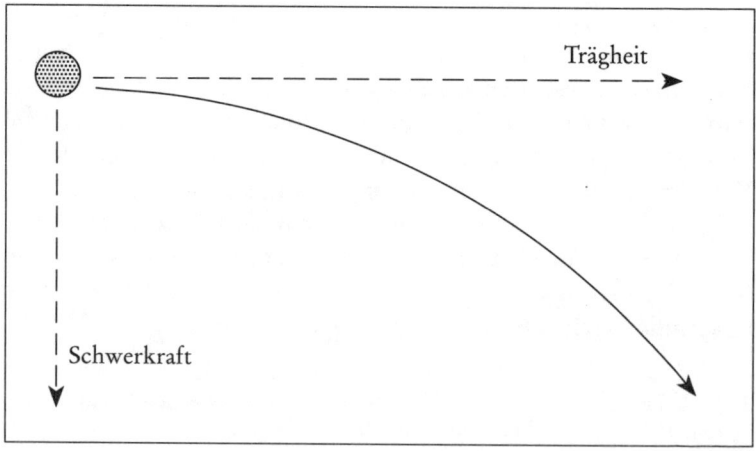

zurennen, wobei Sie die Hand nicht bewegen. Während des Laufens lassen Sie die Kugel einfach fallen. Welchen Weg beschreibt nun die Kugel, wohin fliegt sie? Ein weiteres Problem: Von einem hohen Baum fällt etwas herunter, beispielsweise eine Birne. Sie wollen auf das fallende Objekt mit einem Stein, einem Apfel oder einem anderen geeigneten Gegenstand werfen. Wohin zielen Sie – genau auf die Birne oder etwas unterhalb davon?

Um Fragen wie diese zu beantworten, brauchen wir ein paar Hypothesen der klassischen Physik. Die Kugel, die Sie beim Laufen fallen lassen, beschreibt eine nach vorn gerichtete Bahn, wie die folgende Skizze zeigt (Fischer 1992: 24): »Das Zusammenwirken von Schwerkraft und Trägheit sorgt dafür, daß ein Ball, der im Laufen fallengelassen wird, eine Parabel nach vorne beschreibt. (Der Luftwiderstand wird dabei nicht berücksichtigt.)«

Wenn Sie die fallende Birne treffen wollen, müssen Sie exakt darauf zielen, also auf die augenblickliche Position und nicht, wie wir intuitiv gerne vermuten, ein Stückchen darunter. Denn sowohl die Birne als auch Ihr Wurfgeschoß vollziehen eine Fallbewegung (Fischer 1992: 28). Sollten Sie falsch geantwortet haben, befinden Sie sich in guter Gesellschaft – in einem Experiment (McCloskey 1983) haben etwa 50 % der Versuchspersonen nicht die richtige Antwort gefunden.

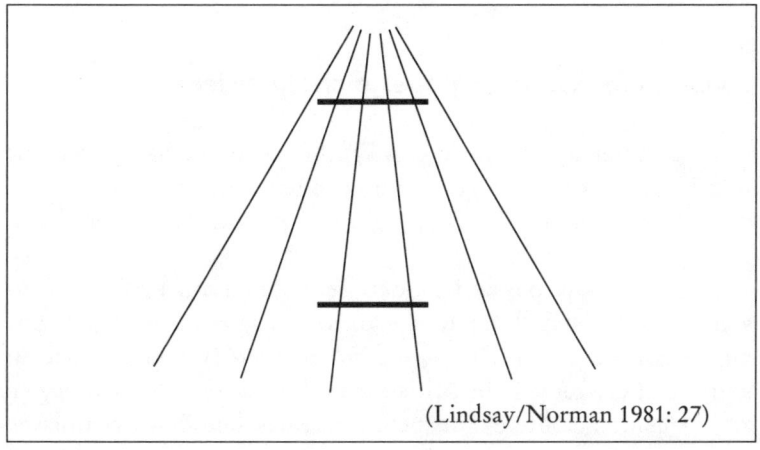

(Lindsay/Norman 1981: 27)

Versuchspersonen, die falsch antworten, wenden vermutlich eine längst widerlegte Theorie an (ohne sich dessen bewußt zu sein), nämlich die mittelalterliche Bewegungslehre (Vollmer 1986). Experimente wie diese zeigen einmal mehr: Die Aneignung von Theorien, der Erwerb neuer Erkenntnisse, muß oft *gegen unsere Erfahrungen und Intuitionen* erfolgen – die in vielen Fällen zu sein scheinen, so wie wir ja auch den optischen Täuschungen, trotz besseren Wissens, immer wieder erliegen.

Als Beispiel hierfür möge die obige, rechte Zeichnung dienen; es geht hier um die Frage, welche der beiden waagerechten Linien länger ist: Die obere Linie scheint länger als die untere zu sein, tatsächlich aber sind beide Linien gleich lang. Diese Täuschung ist vermutlich das Ergebnis einer Anpassung unserer optischen Wahrnehmungsmechanismen an Merkmale der natürlichen Umgebung: Mit zunehmender Entfernung nämlich rücken gerade Linien (wie etwa Wegeränder) zusammen. Ein weit entfernter Gegenstand, z.b. ein Baum, den wir genau so groß wahrnehmen wie einen, der sich weiter vorne befindet, muß größer sein als der vordere.

Um die »Irrwege der Intuition« (Vollmer 1986) und die durch Erfahrungen nahegelegten Irrtümer aufzudecken, brauchen wir Theorien, die dem »gesunden Menschenverstand« widersprechen.

2 »Gefühle lassen sich aber nicht kritisieren«

Eine ganz bestimmte Sorte von Erfahrungen, die irrtümlich zur Begründung von Aussagen herangezogen werden, haben wir bis jetzt noch nicht erwähnt: die Gefühle bzw. die Gefühlserlebnisse.

Immer wieder passiert es, daß Teilnehmer auf kritische Einwände mit Feststellungen wie diesen reagieren: »Ich laß mir meine Ängste aber nicht ausreden« oder »Meine Gefühle können Sie überhaupt nicht kritisieren«. Um unnötige Irritationen zu vermeiden, sollte es uns gelingen, zwischen den Erlebnissen bzw. den Gefühlen und den korrespondierenden Hypothesen und Werturteilen zu unterscheiden. Was sich während einer Diskussion tatsächlich nicht kritisieren läßt, ist das bloße Vorhandensein bestimmter Gefühle. Doch selbst die Existenz von Emotionen muß nicht wie eine letzte, unangreifbare Instanz behandelt werden, denn bereits die Wahrnehmung eigener Gefühle hängt z.b. auch davon ab, wie wir eine bestimmte Situation deuten, in der ein Gefühlserlebnis auftritt.[3]

Auch wenn wir gelernt haben, die Gefühle der anderen zu respektieren, bedeutet dies noch lange nicht, daß wir die daran geknüpften Aussagen akzeptieren müßten. Auch diese müssen wir, soweit sie in der Diskussion eine Rolle spielen, den infrage kommenden kritischen Prüfungen unterwerfen.

Was für Erfahrungen im allgemeinen gilt (7.), trifft ebenso auf Gefühlserlebnisse und die damit einhergehenden Intuitionen und Vermutungen zu: *Sie sind mit ganz unterschiedlichen Theorien vereinbar* und kommen schon deshalb nicht für eine Begründung (oder gar einen Beweis) von Aussagen in Betracht.

Da sich etwa seit den 60er Jahren viele Menschen intensiv mit ihren Gefühlen beschäftigen, ist es nicht mehr trivial, sondern durchaus notwendig, festzustellen: Die Botschaften unserer Emotionen führen oft in die Irre. In meinem Bekanntenkreis finde ich ohne Mühe mindestens fünf Personen, die eine deutliche Angst von dem Fliegen haben. Zwar sind diese Ängste nicht ganz unangemessen – immerhin ereignen sich hin und wieder furchtbare Unfälle mit Flugzeugen. Doch dieselben Bekannten empfinden keinerlei Ängste, wenn sie ebenso riskante bzw. riskantere Fortbewegungsmittel benutzen, nämlich Autos und Motorräder. Es ist nicht nur möglich und vernünftig, die mit unseren Ängsten (sowie anderen Befindlichkeiten) einhergehenden Annahmen zu kritisieren, sondern darüber hinaus auch die dadurch beeinflußten Entscheidungen und Verhaltensmuster. Meine Bekannten jedenfalls kennen einige Texte und Stati-

---

3 Thesen und Befunde hierzu schildern W. und U. Schönpflug (1983), Kap. 10.

stiken und begeben sich deshalb auch auf Flugreisen – den scheinbar unkorrigierbaren Ängsten zum Trotz.

Tatsächlich jedoch neigen viele Zeitgenossen dazu, in den Gefühlen *letzte Instanzen* zu sehen, die zweifelsfrei da sind: ein scheinbarer Halt in einer sich rasch wandelnden Welt. Begünstigt wird diese Haltung noch dadurch, daß jede Person einen *privilegierten Zugang* zu den eigenen Gedanken und Erlebnissen, insbesondere den Gefühlen, zu haben scheint. Das erklärt, allerdings nur teilweise, die Neigung, Gefühle argumentativ in Anspruch zu nehmen. Doch die Wahrnehmung der eigenen Befindlichkeiten, Gedanken und Hoffnungen, überhaupt die Wahrnehmung der eigenen Person, geschieht niemals voraussetzungslos, sondern theoriengeleitet. Am deutlichsten zeigen dies vielleicht historische Vergleiche: Ein Künstler im Mittelalter hatte andere Vorstellungen von sich, und er machte andere Erfahrungen, als ein Künstler der Renaissance.[4] Die Wahrnehmung subjektiver Befindlichkeiten ebenso wie die Beobachtung der eigenen Person ist von Voraussetzungen beeinflußt, die wir versuchsweise *sprachlich rekonstruieren* (in informative und normative Aussagen transformieren) und kritisch prüfen können. »Der Blick auf uns selbst ist uns nicht einfach gegeben.« (Schulze 1992[2]: 53)

Es wäre jedoch töricht, in Diskussionen einen Anti-Gefühle-Standpunkt einzunehmen, zumal den Gefühlen eine *heuristische Funktion*[5] zukommt, die in Beziehungs- und Beratungsgesprächen ja auf eine besondere Weise genutzt werden kann (2.1). Doch gelegentlich erliegen einige Diskussionsteilnehmer der Versuchung, eine Anti-Gefühle-Position zu vertreten, manchmal, weil ihnen Gefühle – bzw. die Gespräche darüber – nicht ganz geheuer sind, manchmal aber auch, weil der vermeintlich

---

4 Interessante Hinweise hierfür finden wir z.B. bei Castelnuovo (1990) und Chastel (1990).
5 Gefühle haben insofern eine heuristische Funktion, als sie uns dabei helfen können, etwa zu bemerken, z.B. daß eine Beziehung nicht mehr zufriedenstellend funktioniert. Gefühle liefern uns Hinweise, die wir bei unseren Problemlösungsversuchen beachten sollten.

argumentative Rekurs auf Gefühle eine Diskussion wirklich ernsthaft beeinträchtigen kann. Auch in solchen Fällen tragen die bereits erwähnten Redewendungen wie »Bleiben Sie sachlich!« wenig dazu bei, die Orientierung am Problem, an den darauf bezogenen Aussagen herzustellen. Wesentlich besser ist es, ein *Differenzierungsangebot* zu unterbreiten: Einerseits respektieren wir die Gefühle und versuchen, den Gesprächspartner zu verstehen; andererseits nutzen wir die Instrumente der Kritik, um die *mit den Emotionen korrespondierenden Aussagen* rational zu diskutieren. Als ein Beispiel für diese Vorgehensweise möge die folgende kleine Diskussionssequenz dienen:

A: »Ich kann Ihrem Plädoyer für ein sogenanntes ›humanes Sterben‹ nicht folgen. Es macht mir Angst, wie Sie über diese Dinge reden.«

B: »Das Thema berührt uns ja auch alle unmittelbar; wir sollten aber unsere Meinungsverschiedenheiten deutlich machen, also klar formulieren. Ich mache deshalb noch einmal den Vorschlag, über zweierlei zu sprechen, einmal über die unterschiedlichen Wertvorstellen und Ziele...«

A: »Aber das ist ja gerade so beängstigend, daß Sie den Wert des Lebens, den höchsten Wert überhaupt, zur Diskussion stellen. Es ist unsere Pflicht, das Leben, jedenfalls menschliches Leben, auf jeden Fall zu erhalten.«

B: »Das Leben betrachten wir alle als einen hohen Wert. Vielleicht kommen wir in unserer Diskussion sogar zu dem Ergebnis, daß das Leben als das höchste Gut angesehen werden sollte. Meine Vorrednerin und ich behaupten aber, daß es noch andere Werte als den des Lebens gibt, und es treten dadurch Wertkonflikte auf, die wir in der Diskussion berücksichtigen müssen. Außerdem – und das war der zweite Vorschlag – diskutieren wir über die Folgen, die sich einstellen, wenn wir an den jeweiligen Werten festhalten und sie mit verschiedenen Maßnahmen zu verwirklichen und zu schützen versuchen.«

A: »Bei Ihnen klingt das alles so nüchtern und sachlich, dabei geht es um Leben und Tod – und das macht mir Angst, die ich mir auch nicht ausreden lasse. Sie kommen mir vor wie die Erzrationalisten, die Feyerabend in seinem Buch....«[6]

B: »Aber auch der von Ihnen ins Spiel gebrachte Vorschlag, Leben prinzipiell zu erhalten, hat bestimmte Auswirkungen, von denen Menschen betroffen sind. Niemand will Ihnen Ihre Ängste ausreden – aber Angst muß nicht immer ein guter Ratgeber sein. Deshalb sollten wir – unter anderem – über die Konsequenzen, die mit den jeweiligen Werthaltungen zusammenhängen, diskutieren.«

Ob es wohl gelingt, eine vernünftige Diskussion in Gang zu bringen? Bis jetzt jedenfalls haben die Beteiligten es noch nicht geschafft, die Orientierung an den Problemen herzustellen und Aussagen kritisch zu prüfen. Sicher ist Ihnen aufgefallen, daß B den Angriff von A (»Erzrationalist«) ignoriert und wieder einen Aspekt des Ausgangsproblems in den Vordergrund gerückt hat. Vielleicht stehen die Chancen gar nicht so schlecht, daß sich die Diskussion doch noch gut entwickelt.

Genetische Fehlschlüsse, Angriffe auf die Person, intentionalistische und naturalistische Fehlschlüsse sowie der fragwürdige Rückgriff auf Erlebnisse bleiben eher unbemerkt, wenn sie in einem *kulturellen Kontext*, einem Klima auftreten, *in dem subjektive Befindlichkeiten einen hohen Stellenwert haben.* Ein für unser Thema bedeutsamer Aspekt des Klimas ist der *Mythos der Betroffenheit*, der, kurz gesagt, auf die Ansicht hinausläuft, eine betroffene Person sei eine kompetentere Person. In Diskussionen, in denen Betroffenheiten beschworen werden, tragen oft einfache, kurze Bemerkungen[7] zum vernünftigen Fortgang einer Debatte bei, z.B.: »Ich muß nicht selbst an Krebs erkrankt sein, um plausible Thesen zur Krebsentstehung zu entwickeln.« »Es ist sehr wohl möglich, den Rechtsextremismus zu kritisieren, ohne selbst Opfer einer Gewalttat zu sein.«

---

6 An welche Arbeiten Feyerabends die Person A wohl denkt? Vielleicht an *Irrwege der Vernunft* (1989) oder auch an *Über Erkenntnis* (1992).

7 Weidenmann (1980: 96) macht den folgenden Vorschlag: »Man braucht selbst keine Eier zu legen, um zu erkennen, ob eines faul ist.«

Richtig an der gängigen Rede vom Wert der Betroffenheit ist allenfalls, daß ein Unbeteiligter nicht über die *Innenperspektive* eines Betroffenen verfügt; er weiß nicht, wie es sich »anfühlt«, das Opfer einer Gewalttat zu sein oder an einer tödlichen Krankheit zu leiden. Die Frage dabei bleibt aber, inwieweit die Innenansicht kompetenter macht. Selbst wenn dies zutreffen sollte (was zweifelhaft ist, Liebe z.b. kann blind machen) – Hinweise auf mutmaßliche Kompetenzzuwächse durch Betroffenheit haben in keinem Fall eine argumentative Kraft. Was zählt, sind die Argumente. Um Mißverständnisse zu vermeiden, betone ich vorsichtshalber, daß es mir nicht darum geht, Betroffenheiten und subjektive Befindlichkeiten zu diskreditieren. Es geht vor allem darum, einige *Unterscheidungen* zu treffen, die für vernünftige Diskussionen wichtig sind – etwa die Unterscheidung zwischen einer Hypothese und den Gefühlen, die mit ihr einhergehen können.

Kapitel 8

»Alles hängt doch vom jeweiligen Standpunkt ab« – kritische Bemerkungen über relativistische Positionen

Obwohl es mehrere Varianten des Relativismus gibt, lautet die allen gemeinsame These: *Die Gültigkeit von Theorien ist kontextabhängig.* Zwar können wir eine Aussage oder auch eine Theorie als »wahr« bezeichnen; doch deren Wahrheit läßt sich eben nur *innerhalb eines Rahmens* – z.b. innerhalb einer Kultur oder einer Tradition – sinnvoll behaupten. Die Zustimmung zu einer Theorie und die vorhergehende kritische Prüfung erfolgen demnach in gewissen kulturellen oder sprachlichen Grenzen. Mit den Theorien der modernen Chemie z.b. läßt sich die Alchemie, die eben von ganz anderen Voraussetzungen ausgeht, nicht wirklich beurteilen. Wer die Gültigkeit von Theorien für kontextabhängig hält, vertritt nahezu zwangsläufig auch die Auffassung, daß ethische Angelegenheiten relativ sind. Im Extremfall behauptet ein Relativist, jeder Mensch lebe in seiner eigenen Welt, in einer Welt mit spezifischen Maßstäben, Hoffnungen, Erwartungen und Träumen. Relativistische Auffassungen sind ziemlich populär. Oft neigen liberal denkende, tolerante Menschen – also eine sympathische Sorte von Zeitgenossen – dazu, relativistischen Ideen den Vorzug zu geben. Sie vertreten die Ansicht, es trage zum gegenseitigen Wohlwollen bei, nicht nur die eigenen Lebensentwürfe, sondern auch die Geltung von Theorien als relative, kontextabhängige Angelegenheiten zu betrachten. Doch die praktischen Auswirkungen relativistischer Standpunkte sind keineswegs so eindeutig – sogar in totalitären Ideologien spielen sie oftmals eine wichtige Rolle.

Ein instruktives Beispiel hierfür ist die nationalsozialistische Ideologie. Zwar war in dieser ein totalitärer Anspruch – vor allem auf Macht – eingeschlossen. Aber dabei spielten relativistische Argumentationsfiguren durchaus eine Rolle: Sie wurden herangezogen, um die Gültigkeit fremder und eigener kultureller Leistungen auf einen bestimmten Rahmen zu beziehen – auf Volk und Rasse. So vertrat der nationalsozialistische Physiker Philipp Lenard, ein Nobelpreisträger (1905), die Ansicht, »daß jedes Volk mit eigener Rassemischung seine eigene Art habe, Wissenschaft zu treiben« (Willer 1988: 561).

Die totalitäre Inanspruchnahme relativistischer Thesen läuft darauf hinaus, fremde Leistungen (insbesondere Theorien und Kunstwerke) abzuwerten. Ein Beispiel hierfür ist die nationalsozialistische Rede von der sog. »jüdischen Physik«, die aus einem »rassefremden« Rahmen bzw. Kontext stamme, weshalb sie im Gebäude der »deutschen Physik« keine Geltung beanspruchen könne. Die Ideologen des Nationalsozialismus waren keineswegs der Auffassung, die deutschen Kulturleistungen müßten der Maßstab, das Vorbild für alle Menschen sein. Im Gegenteil: Vertreter fremder Rassen waren der nationalsozialistischen Doktrin zufolge außerstande, deutsche Kulturleistungen rational zu bewerten. Aber auch umgekehrt galt, daß das »deutsche Volk« fremde Schöpfungen, insbesondere solche des »jüdischen Geistes« (wie z.B. die Physik Einsteins), *auf eine nicht-argumentative Weise abstoße,* weil sie »wesensfremd« seien.

Die liberalen Varianten des Relativismus lehnen totalitäre Ideologien entschieden ab. Charakteristisch für diese populären Sichtweisen ist die Tendenz, fremde und eigene Leistungen als gleichwertig zu betrachten – andere Länder, andere Sitten. Diese Haltung erscheint auf den ersten Blick sehr sympathisch, doch sie kann äußerst fragwürdige Konsequenzen nach sich ziehen: insbesondere einen Verzicht auf den Versuch, fremde – und eigene – Kulturleistungen kritisch zu bewerten. Viele Zeitgenossen entwickeln aufgrund ihrer relativistischen Neigungen eine erstaunliche Nachsicht gegenüber Taten und Zuständen, die sie in ihrer eigenen Kultur für völlig inakzeptabel halten. Paul Fey-

erabend hat noch vor einigen Jahren einen Relativismus vertei-
digt, der diese Haltung einschließt: »Nicht nur Humanitätsapo-
stel, sondern auch ›Bestien in Menschengestalt‹ sind Menschen.
Nicht nur SS-Offiziere, sondern auch Rationalisten und
Menschheitsfreunde sind Bestien. Man beschütze also die Traditionen voreinander, man verteidige die Rechte jener, die ihre
Tradition verlassen wollen – aber der Rest geht den Staat nichts
an. Finden Menschen ihr Glück darin, daß sie sich in gefährli-
chen Kriegsspielen gegenseitig abschlachten, dann lasse man ihnen dieses Vergnügen.« (Feyerabend 1980: 174)

In Diskussionen erleben wir es häufig, daß relativistische Argumente verwendet werden, um die kritische Auseinandersetzung zu blockieren oder zu beenden. Dann heißt es beispielsweise: »Du hast eben einfach ein anderes Vorbild als ich.« Schon
deshalb lohnt es sich, etwaige Schwächen dieser Position aufzudecken. Was relativistische Auffassungen auf den ersten Blick so
plausibel erscheinen läßt, ist die wohl unbestreitbare Tatsache,
daß alle Leistungen – also auch jede Hypothese, jede Kritik – in
bestimmten Kontexten *entstehen.*

Tatsächlich gibt es viele kulturelle Errungenschaften, die an
bestimmte lokale Bedingungen angepaßt sind: Eine Bergseil-
bahn wäre im flachen Gelände funktionslos. Alltagswissen, das
z.B. in einer schriftlosen Kultur verbreitet ist, kann der Bewälti-
gung spezieller Probleme und der Orientierung dienen. Man
denke hierbei etwa an Kenntnisse über das Verhalten eines
Greifvogels, der die Nutztiere auf einer kleinen Insel bedroht.
Ein anderes Beispiel ist das Wissen um die soziale Bedeutung eines lokalen Brauchs, etwa eines Tanzes. Doch es gibt viele Leistungen, die nicht nur innerhalb bestimmter Kontexte genutzt
werden; sie überschreiten vielmehr die jeweiligen kulturellen,
sprachlichen oder sonstigen Grenzen. Dabei entwickeln sich oft
überkulturelle Maßstäbe zur Beurteilung von Leistungen. Der
Lehrsatz des Pythagoras wurde in der antiken Welt formuliert –
heute finden wir ihn in allen einschlägigen Mathematikbüchern.
Mozart komponierte seinen »Schauspieldirektor« für eine ein-
malige Aufführung im Auftrag Joseph II. – heute können Sie
das Werk in sehr vielen Teilen der Erde in CD-Läden kaufen.

Und wer auch immer das Rad erfunden haben mag – in allen noch existierenden Kulturen wird es auf die eine oder andere Weise genutzt. Diese drei Beispiele sollen lediglich zeigen, daß Leistungen aus unterschiedlichen Bereichen die jeweiligen kulturellen Grenzen überschreiten.

Tatsächlich ist auch die Idee der Kritik – der wohl wichtigste Bestandteil vernünftiger Argumentation – ebenfalls in einem bestimmten Kontext entstanden. Aber mit der Kritik verfügen wir über ein Instrument, um nicht nur Leistungen aus verschiedenen Kontexten, *sondern auch die Kontexte selbst miteinander zu vergleichen und zu überprüfen.* So können wir beispielsweise fragen, ob die weiter oben erwähnten Kenntnisse über das Verhalten eines Greifvogels den Eingeborenen tatsächlich helfen, ihre Nutztiere zu schützen. Außerdem vergleichen wir das Wissen der Eingeborenen mit unseren biologischen Hypothesen über das Verhalten der auf der Insel vorkommenden Greifvögel. Vielleicht machen wir dabei die Entdeckung, daß (auch) *unsere* Ansichten Fehler enthalten, die wir korrigieren müssen.

Aber was passiert – so könnte eine Relativist fragen –, wenn wir andere Menschen gar nicht einmal verstehen? Sind wir wirklich in der Lage, Weltbilder und kulturelle Bräuche, die uns völlig fremd erscheinen, auf eine vernünftige Weise zu prüfen? Die Antwort auf diese Fragen lautet: Wir erfinden *Hypothesen über fremde Leistungen,* also z.B. Hypothesen über eine Verhaltensweise, über ein Symbol, ein Weltbild oder über ein Werkzeug. Mit *diesen* Hypothesen arbeiten wir weiter. Dabei nutzen wir auch Erfahrungen, um unsere Annahmen zu *prüfen,* Erfahrungen, die wir mit den Vertretern der anderen Kultur machen. So gelingt es uns, die (von uns aufgestellten) Hypothesen zu korrigieren, zu verbessern. Indem wir dies tun, wächst unser Verständnis für die fremden Leistungen, und wir können die Möglichkeiten kritischer Prüfung nutzen.

Menschen aus anderen Welten (anderen Kulturen, anderen Gesellschaftsordnungen usw.) haben also durchaus die Chance, auch die nicht aus ihren Lebenszusammenhängen stammenden Alltagstheorien sprachlich zu rekonstruieren, zu untersuchen und dabei viele Entdeckungen zu machen. Auf diese Weise mag es sogar gelingen, die dem alltäglichen Handeln zugrunde liegenden Annahmen *besser zu verstehen*, als das denen gelingt, die diese Annahmen ungeprüft akzeptieren. Ein Beispiel hierfür ist das Verbot, Schweinefleisch zu essen. Befolgt wird es traditionell aufgrund religiöser Thesen und Vorschriften, wie sie etwa im Alten Testament oder im islamischen Verhaltenskodex enthalten sind – also aufgrund von Normen, die einer kritischen Prüfung nicht unbedingt standhalten. Doch häufig handeln wir richtig, obwohl unserem Tun falsche oder fragwürdige Annahmen zugrunde liegen. So bedeutete in früheren Zeiten der Verzehr von (womöglich nicht ausreichend gegartem) Schweinefleisch im Vorderen Orient tatsächlich ein Risiko (Richards 1993). Der Ethnologe Harris kommt zu dem Ergebnis, daß es ökologisch sinnvoll ist, in den Ländern mit geltendem Schweinefleischtabu auf die Haltung von Schweinen zu verzichten. Anders als Ziegen, Schafe und Rinder sind die Schweine an die dortigen Bedingungen überhaupt nicht angepaßt. Es ist sogar etwas Wahres an der Theorie, »daß die religiöse Unreinheit des Schweines ihren Grund in tatsächlicher körperlicher Unsauberkeit habe. Nur liegt es nicht in der Natur des Schweines, unsauber zu sein; vielmehr ist der heiße, trockene Lebensraum im Vorderen Orient schuld daran, daß die Schweine vom Kühleffekt ihrer eigenen Exkremente extrem abhängig sind.« (Harris 1993: 49)

Kapitel 9

»Über Glaubensfragen kann man einfach nicht diskutieren«

Menschen können sehr erfinderisch sein, wenn es darum geht, Grenzen zu errichten, an denen die Kritik verstummen muß (vgl. Kap. 6.7). Das Bedürfnis, solche vermeintlich unüberwindbaren Barrieren zu konstruieren, ist begreiflicherweise dort besonders groß, wo es um liebgewordene Überzeugungen geht, denen eine existentielle Bedeutung zukommt. Im folgenden beschäftigen wir uns zunächst mit drei Strategien, mit denen Diskussionspartner versuchen könnten, die kritische Prüfung ihrer Glaubensaussagen abzublocken. Während einer Diskussion – und auch in verschiedenen Texten – werden diese Verfahren des öfteren miteinander verknüpft.

I Kritik der Kritik-Vermeidung

Die erste Strategie, kritische Argumente gegen Glaubensinhalte abzuwehren, macht von einem *Rückgriff auf außergewöhnliche, autoritative Quellen* Gebrauch. Solche Quellen können besondere Erfahrungen sein, heilige Texte und Personen. Die jeweilige Quelle soll dabei die Wahrheit des Glaubens bzw. einiger Glaubensbestandteile garantieren. Jedoch ist der Rekurs auf autoritative Quellen auch mit genetischen Fehlschlüssen belastet (Kap. 6.1). Personen, die sich nicht zustimmend zu der Quelle verhalten, aus der die vermeintliche Wahrheit fließt, haben (für die Gläubigen) keinen Anteil daran – und sind so von vorneherein aus diesem Kontext ausgeschlossen. Ihre Kritik bleibt so ausgegrenzt. Den Glaubensaussagen – so heißt es dann beispielsweise – könne eben nur »glaubend« begegnet werden (Suchla 1988).

Manche Diskussionsteilnehmer verweisen auf Erfahrungen, um den Glauben argumentativ zu stützen (Kap. 7). Allerdings werden dabei nicht die üblichen Erfahrungen herangezogen, sondern besondere, außergewöhnliche Erfahrungen, die unabweisbar auf eine transzendente Wirklichkeit zu verweisen scheinen.[1] Ein besonders bekanntes Beispiel hierfür sind die sog. »Todesnähe-Erfahrungen«, bei denen sich häufig das Erlebnis einstellt, den eigenen Körper zu verlassen. Auch in diesen Fällen kann das Anliegen einer vernünftigen Argumentation nicht darin bestehen, die Erfahrungen selbst zu bestreiten. Was zur Debatte steht, sind allein die daran geknüpften Hypothesen. Einige Autoren und Diskussionsteilnehmer betonen gerne die Unaussprechlichkeit derartiger Erfahrungen. C.F. von Weizsäcker z.b. meint, es sei sehr schwierig, etwas über meditative Erfahrungen zu sagen, »...denn es geht hinaus aus dem Bereich der Begriffe, aus dem Bereich dessen, was man normalerweise mit der Sprache sagt« (Weizsäcker 1992[2]: 38). Mit einer solchen Behauptung wird der Glaube – bzw. werden die geglaubten Hypothesen – aus dem Bereich vernünftiger Argumentation gerückt. Das führt dazu, daß die Frage nach der Wahrheit religiöser Überzeugungen in den Hintergrund tritt bzw. ganz verschwindet.

»Das führende Element des Glaubens« – so v. Weizsäcker – »ist nicht das Fürwahrhalten, sondern das Vertrauen.« (Ebd.: 107) Damit sind wir bereits bei der zweiten Strategie angelangt, mit der die Möglichkeiten kritischer Prüfung im Hinblick auf Glaubensaussagen eingeschränkt werden sollen. Dieser Strategie liegt die *Idee der reinen Religion*[2] zugrunde. Diese Idee läuft

---

1 Solche Erfahrungen sind weit verbreitet, und längst nicht alle Leute verbinden sie mit metaphysischen Hypothesen.

2 Diese Idee der reinen, von Hypothesen sozusagen unbefleckten Religion ist keineswegs neu; Hans Albert (1989) hat sie im Werk des Theologen und Philosophen Schleiermacher (1768-1834) aufgespürt.

darauf hinaus, auf Wahrheitsansprüche zu verzichten (vgl. Albert 1989). Demnach besteht der religiöse Glaube also gar nicht aus einem System informativer und normativer Aussagen, die kritischen Argumenten zugänglich wären. Vielmehr verdankt sich der Glaube einem Gefühl des Vertrauens, vielleicht auch einer Entscheidung, den Glauben anzunehmen. Wenn nichts mehr behauptet wird, gibt es auch nichts zu kritisieren. Statt dessen heißt es beispielsweise, der religiöse Glauben erfülle bestimmte Funktionen. Nach Lübbe (1986) dient er z.b. dazu, die Kontingenz des menschlichen Daseins zu bewältigen oder dem Leben einen Sinn zu verleihen. Aber diejenigen, die einem religiösen Glauben anhängen, geben sich häufig mit einer solchen These nicht zufrieden, was insoweit auch völlig vernünftig ist. Denn jeder Glaube, jede Überzeugung *enthält zwangsläufig irgendwelche Hypothesen.*

Ein religiöser Mensch *erwartet* z.b. in einer ihm noch unbekannten, jenseitigen Wirklichkeit ein ewiges Leben zu führen. Für ihn geht der Glaube stets mit Erwartungen und vielleicht auch mit Befürchtungen einher, denen – unvermeidlicherweise – Hypothesen zugrundeliegen. Und auch das religiöse Vertrauen ebenso wie die religiösen Gefühle sind immer mit irgendwelchen Annahmen verknüpft: Es gibt kein hypothesenfreies Vertrauen. Beispielsweise kann ich darauf vertrauen, daß die Welt – trotz der zahlreichen Greuel – insgesamt objektiv sinnvoll und gut ist. Doch ob ein solches Vertrauen gerechtfertigt ist, hängt nun einmal von der Wahrheit bestimmter Hypothesen ab, z.B. von der voraussetzungsvollen Annahme, derzufolge die Welt das sinnvolle Werk eines gnädigen Gottes darstellt – und nicht etwa das vorläufige Ergebnis einer ziellos verlaufenden Evolution. Die jeweiligen Hypothesen mögen einigermaßen vage sein; das allein ist aber kein Grund, auf kritische Debatten zu verzichten (schließlich müssen wir uns auch in der Wissenschaft nicht selten mit vagen Vermutungen begnügen). Und tatsächlich finden ja auch – wie sollte es anders sein – viele kritische Auseinandersetzungen statt. So gibt es Versuche, wichtige Glaubensaussagen mit der Evolutionstheorie zu versöhnen (v. Ditfurth 1981), heftige Debatten über das

Theodizee-Problem[3] (Streminger 1992) und Kontroversen über die Frage, inwieweit Jesu ethische Ansichten in der Gegenwart plausibel und hilfreich sein können (Buggle 1992).

Die dritte Strategie, den religiösen Aussagen einen Sonderstatus einzuräumen, besteht darin, die mutmaßlichen Grenzen der Vernunft hervorzuheben und in diesem Zusammenhang den Glauben und die Vernunft als zwei gleichberechtigte Perspektiven einander gegenüberzustellen. Die Vernunft ist demnach nicht leistungsfähig genug, um es mit dem Glauben aufzunehmen. Glaube und Vernunft kollidieren so nicht miteinander. Doch diese Konstruktion scheitert daran, daß *Aussagen* – woher sie auch immer stammen mögen – einander widersprechen können. Es nützt demnach nichts, diese Aussagen bestimmten Bereichen zuzuordnen, einem, für den die Vernunft und einem, für den der Glaube zuständig ist.

In den Debatten über die Beziehungen zwischen Glauben und Vernunft spielt insbesondere die Frage nach den *Grenzen der Wissenschaft* eine wesentliche Rolle. Mehrere Autoren operieren dabei noch immer mit der Idee einer letzten, sicheren Begründung: »Es kann nicht allgemein überzeugend bewiesen werden, daß Gott existiert. Es kann aber genausowenig bewiesen werden, daß Gott nicht existiert. Für die reine Vernunft, die nach Beweisen verlangt, scheint Gott nicht mehr als eine Idee ohne Realität, ein Gedanke ohne Wirklichkeit zu sein.« (Küng 1979: 51) Ein anderes Beispiel: »Mit rationalen Gründen läßt sich der Atheismus daher nicht entkräften. Umgekehrt aber kann auch der Atheist den Gottesglauben nicht rational widerlegen.« (Zahrnt 1980: 147) Gläubige, Agnostiker, Skeptiker, Atheisten wären daher, folgte man diesen Aussagen, auf Entscheidungen für oder gegen bestimmte Glaubensannahmen zurückgeworfen.

---

3 Das Theodizeeproblem ergibt sich daraus, daß in der Welt unbestreitbar zahlreiche Übel und Mißstände existieren, andererseits aber Gott als eine gleichzeitig allmächtige *und* vollkommen gütige Gestalt vorgestellt wird. Es gibt zwar mehrere Versuche, dieses Problem zu lösen, aber auch viele Theologen räumen ein, daß diese Versuche gescheitert sind.

Nach Suchla gilt für die »Glaubenserkenntnis«, daß wir sie »aus Prinzip« glauben, während wir andere Erkenntnisse »aus Verlegenheit« glauben (Suchla 1988: 233); denn wir wissen ja, daß unsere wissenschaftlichen Hypothesen weiterentwickelt werden und Irrtümer unvermeidlich sind. Suchla scheint anzunehmen, jeder Wissenschaftler sei auf einen Glauben zurückgeworfen – er scheint sich also in einer mit dem Gläubigen durchaus vergleichbaren Situation zu befinden. Doch auch dies stimmt nicht. Wissenschaftler können – und sollten – ihre Theorien und Forschungsergebnisse als das betrachten, was sie tatsächlich sind: nämlich als Hypothesen. Sie *müssen* keineswegs zusätzlich auch noch daran glauben (obwohl das durchaus häufig vorkommen mag). Für die Theorie und Praxis vernünftiger Argumentation ist ohnehin entscheidend, daß Aussagen, *ob sie nun geglaubt werden oder nicht,* in logischen Beziehungen zueinander stehen. Religiöse Annahmen, also z.B. Thesen über Gott, die Entstehung der Welt usw. passen eben nicht zwangsläufig, wie manche Leute hoffen, mit unseren sonstigen (etwa wissenschaftlichen) Annahmen zusammen. Kollisionen sind hier immer möglich und werden wohl auch in Zukunft zu kritischen Debatten führen.

Viele Auseinandersetzungen über das Verhältnis von Glaube und Vernunft beziehen sich also auf die Leistungen der Wissenschaft einerseits und auf religiöse Überzeugungen andererseits. Doch wir dürfen nicht außer acht lassen, daß auch etliche Annahmen verschiedener Religionen miteinander unvereinbar sind, wie das folgende Beispiel zeigt: 1) Jesus ist der Sohn Gottes (Christentum). 2) Jesus ist lediglich ein Mensch mit prophetischen Fähigkeiten (Islam). Beide Sätze können unmöglich zugleich wahr sein. Und eine kritische Erörterung derartiger Widersprüche dürfte sowohl für die Gläubigen als auch für die Theologen von Bedeutung sein, es sei denn, der Glaube würde auf eine unaussprechliche Hoffnung reduziert. Treten in Diskussionen solche Schwierigkeiten zutage, rücken manche Teilnehmer die *Deutung von Texten* bzw. Thesen in den Mittelpunkt. Dabei sollten wir aber nicht vergessen, daß – nach mehr oder weniger gelungenen Interpretationen – wiederum Annahmen über Gott und die Welt vorliegen, deren Plausibilität wir dann wieder prüfen müssen.

Es gibt ein verbreitetes Argument, das gerne verwendet wird, wenn bestimmte religiöse Thesen zur Diskussion stehen – z.b. bei der Erörterung des Theodizeeproblems: Gottes Wirken und seine Maßstäbe, so das Argument, überschreiten das Verständnis des Menschen. Unsere begrenzte Vernunft reiche einfach nicht aus, in das Geheimnis einzudringen. Es hat zunächst den Anschein, als ob der Hinweis auf die außermenschliche, unbegreifliche Größe Gottes die kritische Diskussion zum Verstummen bringen müßte. Doch das ist keineswegs der Fall. Denn die Behauptung »Gottes Größe ist unerforschlich« *stellt ja ebenfalls eine Aussage dar, die ihrerseits Fragen und Probleme mit sich führt,* z.b. die einfache Frage: Können wir, falls die These zutrifft, überhaupt noch *irgendeine* andere These (etwa über die Güte Gottes) formulieren?

Mit diesen knappen Anmerkungen wollte ich lediglich zeigen, daß kritische Debatten über metaphysische Annahmen durch relativistische und andere Argumente nicht einfach abgestellt werden können. Sofern Sie also ein Interesse an dieser Thematik haben, sollten Sie konsequent von den Möglichkeiten der kritischen Prüfung Gebrauch machen. Der nun folgende kleine Dialog ist ein Beispiel für den Versuch, Fragen dieser Art zu erörtern:

A: »Ich schlage Ihnen vor, einige Argumente für und gegen die christliche Gotteshypothese zu sammeln.«

B: »Die Annahme, derzufolge ein allmächtiger Gott existiert, löst einige Probleme, sie antwortet auf ein paar wirklich wichtige Fragen. Die erste Frage bezieht sich auf den Ursprung der Welt. Daß überhaupt etwas existiert, wird durch einen Schöpfergott verständlicher.«

A: »Ihnen erscheint also die Existenz bestimmter Sachverhalte und Prozesse rätselhafter als die Existenz eines Gottes?«

B: »Ja, genau!«

A: »Ich meine, Sie verlagern lediglich das Rätsel. Denn das Vorhandensein eines Gottes ist doch mindestens ebenso rätselhaft. Woher kommt Gott?«

B: »Bedenken Sie bitte, daß Gott keinen Anfang zu haben braucht. Er ist ewig und hat die Welt aus dem Nichts erschaffen. Aber für die Gotteshypothese spricht noch ein anderes Argument: Mit Gott erhält die Welt einen Sinn – und damit auch mein eigenes Dasein.«

A: »Moment mal, das setzt allerdings einen bestimmten Gott voraus, dessen Merkmale Sie näher charakterisieren müßten. Ich weise außerdem darauf hin, daß eine These nicht deshalb plausibel wird, weil sie Ihrem Wunsch nach einem übergreifenden Sinnzusammenhang Rechnung trägt.«

B: »Sie haben völlig recht. Der Gott, über den wir reden, läßt sich mit unseren überaus begrenzten Möglichkeiten durchaus noch etwas näher charakterisieren. Er ist ein Schöpfergott, er ist allmächtig, er hat Bedeutung für das menschliche Leben, er ist ein gnädiger Gott.«

A: »Wenn wir dieser Beschreibung noch die zahlreichen Übel auf der Welt hinzufügen, entsteht das Theodizee-Problem.«

B: »Einverstanden, können Sie Ihre Fassung dieses Problems noch etwas genauer formulieren?«

A: »Ja, es geht darum, daß die folgenden Aussagen nicht zusammenpassen; sie können nicht zugleich zutreffen: 1. Es gibt einen Gott, der die Welt erschaffen hat. 2. Dieser Gott ist sowohl allmächtig und allwissend als auch gütig, er ist das Gute überhaupt. 3. In der Welt existieren zahlreiche Übel.«

B: »Wie Sie wissen, vertreten auch etliche Theologen die Ansicht, daß eine zufriedenstellende Lösung dieses Problems noch aussteht. Aber es gibt durchaus Versuche, dieses Problem zu entschärfen.«

A: »Nämlich...«

B: »Gott hat den Menschen die Freiheit gegeben – und Übel können durch einen falschen Gebrauch der Freiheit entstehen.«

A: »Aber es existieren doch sehr viele Übel, die mit dem menschlichen Handeln überhaupt nichts zu tun haben. Denken Sie an die Leiden der Tiere und die vielen Katastrophen, die auftraten, noch bevor der Mensch die Erde zu bevölkern begann. Außerdem: Ein gütiger Gott würde die allerschlimmsten Dinge verhindern, und er hätte den Menschen ja anders ausstatten können.«

B: »Sie kennen vermutlich die Idee des Theologen Swinburne, der meint, die Übel hätten einen Zweck, nämlich dem Menschen ein heroisches, tugendhaftes Verhalten zu ermöglichen. Eine begrenzte Leidenserfahrung ist durchaus sinnvoll.«

A: »Damit verschärfen Sie das Theodizee-Problem noch. Leiden ist ungleich verteilt. Während die einen an ihren Leiden zugrunde gehen oder beinahe zugrunde gehen, sind andere erheblich weniger betroffen – und sie haben sogar, wie Swinburne bemerkt, u.U. sogar die Chance, aus den Übeln zu lernen, die fremden Menschen zustoßen. Swinburnes Vorschlag, das Theodizee-Problem zu lösen, scheitert also bereits an dem ungeheuren Ausmaß menschlichen (und tierischen) Leidens. Wesentlich weniger Leid und Unglück würden – als Kontrasterfahrungen – genügen.«

B: »Vergessen Sie nicht, daß Gott andere Maßstäbe hat als wir, daß sein Wirken unerforschlich ist.«

A: »Soweit es aber um Leidenserfahrungen geht, ist dabei die Betroffenheit – also in unserem Fall der menschliche Maßstab – ausschlaggebend.«

B: »Das scheint mir nicht so ohne weiteres klar zu sein.«

A: »Stellen Sie sich einmal vor, Sie begegneten außerirdischen Wesen mit fremden Gewohnheiten, Wesen, die beim Hören barocker Musik Schmerzen empfinden. Wie würden Sie Ihr eigenes Verhalten bewerten, wenn Sie diese Außerirdischen nötigten, Händel zu hören, weil dessen Werke einen hohen Wert darstellen?«

A: »Nun, ich bezweifle, ob solche Vergleiche, die wir mit unseren begrenzten Fähigkeiten konstruieren, wirklich weiterhelfen. Gott bleibt verborgen. Vielleicht stimmt ja die These: Worüber wir nicht sprechen können, darüber müssen wir schweigen.«

B: »Dazu fällt mir ein Bonmot ein, das wohl im ›Wiener Kreis‹[4]

---

4 Der Wiener Kreis war ein Gesprächskreis von Philosophen und Wissenschaftlern, den Moritz Schlick in den 20er Jahren in Wien initiierte und bis zu seinem Tod (1936) auch leitete. Vgl. hierzu A.J. Ayer (1985).

geläufig war: ›Worüber man nicht sprechen kann, darüber kann man auch nicht *auf eine bestimmte Art* schweigen.‹ So ein Schweigen müßte also völlig ›leer‹ sein, ohne jeden Bezug auf etwas. Das gibt es aber gar nicht, und sobald sich das Schweigen auf etwas bezieht, haben wir die Möglichkeit, diesen Sachverhalt sprachlich zu formulieren. Das Schweigen ist dann nämlich nicht mehr frei von Hypothesen.«

A: »Mich interessiert Ihre Ansicht über den Glauben. Woher kommt er? Ist er eine bloße Illusion?«

B: »Dazu fallen mir mehrere Hypothesen ein. Mit kommt gerade eine Idee von Thomas Nagel in den Sinn: ›Vielleicht ist der Glaube an Gott die Überzeugung, das Universum sei verstehbar – jedoch nicht für uns‹.« (Nagel 1990: 83)

2 Esoterische Wege und Abwege

Bekanntlich glauben wir Menschen an vieles: an Götter, an die Wiedergeburt, an UFOs, an die Astrologie und sogar an die Wissenschaft. Obwohl bestimmte Inhalte die bevorzugten Objekte des Glaubens sind, kann sich der Glaube auch auf profane Dinge richten. Nicht die Weltbildbestandteile selbst, an denen Gläubige festhalten, sind als solche irrational – diese mögen vielmehr wahr, falsch, informationsarm oder unklar sein –, sondern eine bestimmte Haltung gegenüber den jeweiligen Annahmen.

Diese Haltung läßt sich etwa so charakterisieren: Sowohl die informativen als auch die normativen Komponenten des Glaubens werden als existentiell bedeutsame *Bestandteile der Person* betrachtet – und nicht als kritikoffene, revidierbare Aussagen. Von der Möglichkeit, Person und Überzeugung zu entkoppeln (Kap. 1 und 6.2), scheinen gläubige Menschen nicht oder nur zögernd Gebrauch zu machen. Eine übliche und durchaus zutreffende Redewendung hierfür lautet: Jemand *hängt* an seinem Glauben. Viele Gläubige arbeiten sogar daran, die Verbindung zwischen Person und Überzeugung weiter zu befestigen – etwa durch bestimmte Rituale. Beim religiösen Glauben spielt außerdem das oben bereits angesprochene besondere Vertrauen eine Rolle, »ein existentielles Vertrauen, dem man sein ganzes Leben anvertrauen kann« (Capra/Steindl-Rast 1993: 43).

Im folgenden beschäftigen wir uns kurz mit einer Sichtweise, die gegenwärtig viele Menschen beeindruckt: der *Esoterik*. Die esoterische Welle beeinflußt nämlich auch unsere Streitkultur. Sie fördert einige der Fehler und Schwierigkeiten, mit denen wir uns in diesem Buch auseinandersetzen. Obgleich es mehrere unterschiedliche Richtungen der Esoterik gibt, können wir – ohne Anspruch auf Vollständigkeit – das esoterische Weltbild folgendermaßen beschreiben:

1. Die Esoterik ist ein buntes Gemisch, das sich aus unterschiedlichen Traditionen bzw. Weltbildbestandteilen zusammensetzt. Mystik, Magie, Spiritismus, Ideen der antiken Welt, des Mittelalters und der Neuzeit werden in den jeweiligen Varianten der Esoterik miteinander verknüpft. Jedes esoterische Weltbild ist mehr oder weniger ein Glauben à la carte. Dabei entsteht das Problem, inwieweit die verschiedenen Komponenten (bzw. die Aussagen) überhaupt zusammenpassen (logische Prüfung).

2. An die esoterischen Weltbilder werden – z.T. weitreichende – Hoffnungen geknüpft, etwa die Hoffnung, ein neues (friedliches, ökologisches) Zeitalter kündige sich bereits an (»New Age«, »Wassermann-Zeitalter«).

3. Viele Esoteriker nehmen an, daß es einen objektiven Sinn in der Wirklichkeit gibt – beispielsweise ein Ziel, auf das die Evolution zusteuert. Diese These verleitet manche Esoteriker dazu, informative und normative Aussagen miteinander zu verquicken.

4. Esoteriker beanspruchen auch besondere Quellen der Erkenntnis – also z.B. mystische Erlebnisse, okkulte Praktiken oder schlicht ein »neues Denken«. Dabei scheinen sie darauf zu vertrauen, daß dieses »neue Denken« zu neuen, revolutionären Erkenntnissen führt, die den Theorien der traditionellen Wissenschaft überlegen sind.

5. Falls es so etwas wie eine Lieblingswissenschaft der Esoteriker gibt, dann ist es wohl die Psychologie (gefolgt von der Quantenphysik), natürlich nicht die gewöhnliche, sondern eine »neue«, eine »transpersonale«. Die entsprechenden Therapien sollen den Menschen dabei helfen, eine »ganzheitliche Wahrnehmung« zu entwickeln, neue »Bewußtseinsebenen« zu erlangen, kurz: zu »wachsen«. Diese Orientierung veranlaßt nicht wenige Esoteriker (bzw. Leute, die von der Esoterik beeinflußt sind), logische Beziehungen, also Relationen zwischen Sätzen, geringzuschätzen und statt dessen der subjektiven Befindlichkeit zu vertrauen. Es geht den Anhängern esoterischer Sichtweisen eher um das richtige Denken als darum, die *Ergebnisse* dieses Denkens kritisch zu prüfen.

6. Esoterische Ansätze zeichnen ein verzerrtes Bild von der Idee der Vernunft und von der Wissenschaft. Der »New-Age«-Physiker Capra behauptet z.b., rationales Denken verlaufe linear, während das ökologische Bewußtsein »aus einer intuitiven Erkenntnis nichtlinearer Systeme entsteht« (Capra 1983[2]: 39). Nun mag es vielleicht auch Modelle der Rationalität (oder des rationalen Denkens) geben, die uns auf ein lineares Denken festlegen – und damit, und das dürfte ja entscheidend sein, auf die Formulierung von Hypothesen, die alle Zusammenhänge in der Wirklichkeit ausschließlich linear-kausal beschreiben und erklären. Aber ein rationaler Mensch verzichtet weder auf Intuitionen noch klammert er sich dogmatisch an eine bestimmte Vorstellung von Kausalität. Er unterwirft vielmehr die Ergebnisse linearen, intuitiven, ganzheitlichen und sonstigen Denkens kritischen Prüfungen – und zwar ohne einem bestimmten Verfahren oder einer Quelle (etwa der Intuition oder der Erfahrung) von vornherein einen Sonderstatus einzuräumen.

7. Ganzheitlichkeit ist zu einem Zauberwort geworden. Inzwischen verläuft kaum noch eine Diskussion ohne die kritisch gemeinte Bemerkung: »Das mußt du aber ganzheitlich sehen«. Den neuen Versionen von Ganzheit scheint, wenigstens soweit es sich um esoterisch beeinflußte Sichtweisen handelt, die alte Sehnsucht nach Harmonie zugrunde zu liegen. Capra, auf den

esoterisch denkende Zeitgenossen gerne Bezug nehmen, spricht sogar von einer »vollkommenen Harmonie wissenschaftlicher Entdeckungen mit spirituellen Zielen und Glaubensvorstellungen« (Capra 1983[2]: 81). Es sind solche Verheißungen, die die Esoterik für manche Menschen attraktiv machen. Die ökologischen Krisen, die Unübersichtlichkeit der modernen Welt, der beschleunigte soziale und technische Wandel sowie eine Situation, in der an die Stelle eines feststehenden Weltbildes der »dynamische Prozeß der Forschung« tritt (Böhme 1985: 178), scheinen Wünsche nach einer Wiederverzauberung der Welt hervorzurufen.

In dem nun folgenden kleinen Gespräch, an dem sich drei Personen beteiligen, finden Sie einige der Ideen und Schwierigkeiten wieder, mit denen wir uns in den letzten Kapiteln auseinandergesetzt haben:

A: »Was wir mit dem vieldeutigen Ausdruck »Esoterik« bezeichnen, ist für mich ein Indiz, daß wir dabei sind, eine Wende zu vollziehen. Die mechanistische Wissenschaft, der es um die Beherrschung der Welt geht, hat abgewirtschaftet. Der Weg, den wir nun beschreiten, verläuft vom Rationalen zum Intuitiven, vom Partikularen zum Ganzheitlichen, vom Profanen zum Spirituellen, von der Entfremdung zur Versöhnung«.

B: »Du behauptest viel auf einmal, Rüdiger. Ich bin skeptisch – vor allem hinsichtlich der Hoffnungen, die Du an den sich vollziehenden Wandel richtest. Aber auch Deine Beschreibung der Veränderungen stimmt nicht ganz...«

A: »Skeptisch zu sein, ist ja noch kein Einwand.«

B: »Stimmt, ich formuliere gerne einige meiner Bedenken: Zunächst finde ich Deine Gegenüberstellungen nicht sonderlich plausibel. Intuitionen z.B. haben schon immer eine große Rolle in der Wissenschaft gespielt – rational handeln die Wissenschaftler, wenn sie die Ergebnisse intuitiven Denkens kritisch prüfen. Übrigens wandeln sich die Wissenschaften – und mit ihnen die Theorien – seit es Wissenschaft gibt. Die Fehler verschiedener, wie Du sagst: mechanistischer

Theorien, werden seit Jahrzehnten diskutiert. Die Wissenschaft ist ja nicht auf bestimmte Modelle festgelegt.«

C:»Sie hat aber, vor allem in der Vergangenheit, viel ausgeblendet. Das liegt daran, daß die traditionelle Wissenschaft die Wirklichkeit zerlegt; sie will immer kleinere sogenannte ›Bausteine‹ untersuchen. Und die Erfahrung des Ganzen scheint überhaupt jenseits der wissenschaftlichen Erkenntnis zu liegen. Denn die wissenschaftliche Erkenntnis ist selektiv, sie bezieht sich immer auf Teileinheiten.«

B:»Auch die Gegenüberstellung von Teilen und Ganzem erscheint mir problematisch. Tatsächlich gibt es doch Theorien über sehr große Zusammenhänge, ja vielleicht sogar über das Ganze, nämlich das Universum.«

A:»Du mußt einräumen, Julia, daß schon die Formulierung einer Frage, die Hinwendung zu einem Problem, eine Selektion darstellt. Vieles wird ausgeblendet, was zum Ganzen gehört.«

B:»Aber klar! Jede Erkenntnis – sogar die der Götter – ist notwendigerweise stets auch ein Vorgang der Auswahl, der Selektion.«

C:»Das hat Rüdiger ja gemeint, Julia! Schon bei der Wahl eines Problems werden unzählige Dinge ausgeblendet. Eine materialistisch orientierte Wissenschaft sieht nur ganz bestimmte Probleme, für andere bleibt sie blind. Du tust so, als sei die Selektion wünschenswert. Aber alles hängt miteinander zusammen.«

B:»Daß alles miteinander zusammenhängt, dürfte eine allzu vage These sein – und eine Übertreibung. So hat die Zeit – vermutlich – eine Richtung; es gibt einen unumkehrbaren Zeitpfeil, und das heißt: Prozesse, die gegenwärtig ablaufen, beeinflussen nicht die Vorgänge in der Vergangenheit. Die Wahl des Bundeskanzlers z.B. hat keine Auswirkungen auf die nationalsozialistische Machtergreifung. Und überdies existieren auch gleichzeitig Strukturen und Prozesse, die nicht oder kaum miteinander zusammenhängen. Wenn wir die Wirkungen des Mondes auf das Klima der Erde untersuchen, müssen wir nicht auch noch die Verbreitung von Fußpilzerkrankungen in den neuen Bundesländern berücksichtigen.«

A: »Marilyn und ich meinen im Grunde noch etwas anderes: die Erfahrung des Ganzen, die in ganz besonderen Momenten, in richtigen ›Gipfelerlebnissen‹ aufleuchtet.«

B: »Das ist eine neue These, die Ihr jetzt aufstellt. Eben sprachen wir darüber, daß die Erkenntnisse der Wissenschaft, Erkenntnisse überhaupt, selektiv sind, ja selektiv sein müssen. Nun behauptet Ihr: Es existiert noch eine Art der Erkenntnis, die sich von der wissenschaftlichen unterscheidet – flüchtige Augenblicke, Erlebnisse, die dem einzelnen widerfahren.«

C: »Die spirituellen Erfahrungen von vielen Männern und Frauen beeinflussen nicht zuletzt auch die Wissenschaften. Es stimmt zwar, daß solche Erfahrungen zeitlich begrenzt sind, es sind Augenblicke. Aber sie verändern Dein Leben. Eine derartige Erfahrung kommt einer Entgrenzung der Persönlichkeit gleich. Die gesamte Wahrnehmung wird neu organisiert – und nicht bloß für einen Augenblick.«

B: »Die gesamte Wahrnehmung? Heißt das z.B., ich erliege zukünftig nicht mehr den optischen Täuschungen? Was genau ereignet sich da?«

A: »Es geht hier doch nicht um eine Wahrnehmung, bei der die Augen eine wesentliche Rolle spielten. Vielleicht sollten wir einmal über den Begriff »Wahrnehmung« im spirituellen Sinne reden.«

B: »Nein, laß nur, Rüdiger, beschreibe einfach die von Euch angedeuteten Veränderungen und schlage womöglich auch eine Erklärung dafür vor.«

A: »Was sich ereignet, ist ein Erleben von Sinn, eine Erfahrung der Verbundenheit, des Dazugehörens. Aber dieses Erlebnis, und das stört Dich vielleicht, läßt sich sprachlich kaum vermitteln, allenfalls andeutungsweise.«

B: »Es genügt ja, wenn Ihr kurz darlegt, welche Annahmen über die Wirklichkeit – oder auch über den Sinn des Lebens – durch diese Erfahrungen nahegelegt werden.«

C: »Hier stehen wir vor einer Schwierigkeit. Dir fällt es schwer, die spirituelle Botschaft anzunehmen, weil Du diese Erfahrungen nicht gemacht hast.«

B: »Nein, ob ich, wie Du sagst, eine Botschaft annehme, ist nicht – oder nicht nur – von Erfahrungen abhängig, die ich mache bzw. nicht mache. Denn Erfahrungen sind ja mit unterschiedlichen Theorien verträglich – wir sollten versuchen, die richtige herauszufinden.«

A: »Du hast eben ein anderes Weltbild.«

B: »Dann laßt uns doch die Weltbilder vergleichen und diskutieren!«

Kapitel 10

Männer und Frauen – ungleiche Partner in Diskussionsprozessen

Ursprünglich wollte ich hinter diese Kapitelüberschrift ein Fragezeichen setzen. Aber es gibt nun einmal mehrere Theorien und Befunde[1], die uns nahelegen, mit Unterschieden zwischen Frauen und Männern auch im Sprachverhalten zu rechnen:

1. Frauen achten mehr auf die Metamitteilungen, also auf Signale, die insbesondere etwas mit der Beziehung zu tun haben. »Was über die Beziehungen mitgeteilt wird – unsere Haltung zum anderen, zur Situation und zum Gesagten –, ist die Metamitteilung. Und es sind die Metamitteilungen, auf die wir besonders stark reagieren.« (Tannen 1992: 33)

2. Frauen senden bestimmte Signale häufiger als Männer;: sie variieren stärker ihre Tonhöhen und drücken auf diese Weise Gefühle aus (Eibl-Eibesfeldt 1984; Tannen 1992).

3. Männer fallen den Frauen (aber auch anderen Männern) vor allem in öffentlichen Diskussionen häufiger ins Wort. In nichtöffentlichen Gesprächssituationen scheint es sich anders zu verhalten (vgl. Tannen 1993).

---

1 So gibt es beispielsweise Hinweise darauf, »daß Frauen eher als Männer den Akzent oder Dialekt annehmen, der im allgemeinen mit einem höheren Sozialstatus in Verbindung gebracht wird« (Lyons 1992[4]: 244). Eine biologische Deutung geschlechtsspezifischer Verhaltensmuster enthält die Arbeit von Wickler und Seibt (1983). Entwicklungspsychologische Aspekte werden von Gilligan (1991[5]) diskutiert.

4. Frauen tragen ihre Wünsche und Interessen eher indirekt vor. Sie stellen seltener unmißverständliche Forderungen. Deborah Tannen vermutet, daß diese »Indirektheit von Frauen« mit dem Wunsch nach Bindung zusammenhängt: »Wenn man seinen Willen mit einer Forderung durchsetzt, erringt man einen Statuserfolg: Man ist überlegen, weil andere tun, was man ihnen gesagt hat. Aber wenn man etwas erreicht, weil andere zufällig dasselbe wollen oder es von sich aus vorschlagen, ist das ein Beziehungserfolg.« (Tannen 1993: 248)

5. Männer erwarten öfter als Frauen schnelle Lösungen, »handfeste« Ergebnisse und Entscheidungen.

6. Während Frauen häufiger von *eigenen* Erfahrungen berichten – und diese auch argumentativ zur Stützung von Aussagen verwenden –, neigen Männer eher zu einer abstrakten Redeweise.

Wir wollen nun, mit der gebotenen Vorsicht, einige der auftretenden Unterschiede bewerten. Schon beim ersten Punkt, der Orientierung an Meta-Signalen, zeigt sich, daß es nicht einfach ist, solche Bewertungen vorzunehmen. Einerseits müssen in Diskussionen die Aussagen und die darauf bezogenen Argumente im Vordergrund stehen. Andererseits fällt es manchen Teilnehmern leichter, ihre Ansichten vorzutragen, wenn eine gute, insbesondere eine angstfreie Atmosphäre herrscht. Diejenigen, die beim Argumentieren diesbezügliche Signale wahrnehmen und darauf auch reagieren können, verfügen über mehr Gestaltungsmöglichkeiten als andere, die ihre Argumente unbeirrt vortragen, obwohl sich die Diskussionspartner unwohl fühlen oder gelangweilt aus dem Fenster schauen. Nachteile entstehen, wenn wir empfindlich auf solche Signale reagieren und uns irritieren lassen. Metamitteilungen sind allerdings nicht das Thema einer Diskussion – es sei denn, wir diskutieren gerade über Kommunikationsprozesse. »Ein vorsichtiger Gebrauch der Metakommunikation empfiehlt sich auch, weil die Metakommunikation die Tatsache von Kommunikationsproblemen offiziell macht« ... und dies ist »... in sich eine negative Metamitteilung, die wir vielleicht lieber vermeiden möchten... Wenn der

Gesprächspartner Ihnen nicht sehr nahesteht, kann das Reden über die Beziehung ihr einen vertraulicheren Rahmen geben, als dem anderen lieb ist.« (Tannen 1992: 229)

Wir müssen auch bedenken, daß die allzu starke Beachtung von Meta-Signalen den Fehler begünstigen kann, personenorientiert zu argumentieren. Entsprechend scheinen Frauen, wie Barbara Schlüter-Kiske bemerkt, »Konflikt- und Kritiksituationen eher als Ablehnung ihrer ganzen Person, nicht als Ablehnung von Ideen oder Meinungen zu empfinden. Während Männer eher gekränkt sind, fühlen sich Frauen regelrecht verletzt.« (Schlüter-Kiske 1987: 177)

Häufiges Unterbrechen (Punkt 3) ist, jedenfalls in einer Diskussion, ein ernstzunehmender Störfaktor. Wer andere öfter unterbricht, hat womöglich nicht gelernt, richtig zuzuhören. Manchmal will er (seltener: sie) auch demonstrieren, daß er besonders viel von einer Sache versteht. Was Sie tun können, wenn Ihnen die Gesprächspartner häufig ins Wort fallen, steht im nächsten, im 11. Kapitel.

Die indirekte Redeweise (Punkt 4) bringt den Nachteil geringerer Klarheit mit sich – ein Vorteil mag sein, daß sich die jeweils anderen nicht so leicht angegriffen fühlen. Hinter der Angewohnheit, auf rasche Entscheidungen zu drängen (Punkt 5), einer eher männlichen Tendenz, steckt zuweilen auch die Absicht, kritische Argumente nicht zum Zuge kommen zu lassen. Allerdings ist es manchmal auch erforderlich, rasche Entscheidungen zu fällen. Daß der – bei Frauen häufigere – Rückgriff auf Erfahrungen problematisch ist, haben wir im 7. Kapitel erörtert. Doch manchmal dient es der Diskussion, eigene Erfahrungen zu schildern – und zwar dann, wenn es damit gelingt, bestimmte Behauptungen zu *veranschaulichen*.

Die folgende Tabelle enthält einige geschlechtsspezifische Empfehlungen, die aber wegen der Variabilität menschlichen Verhaltens nicht in jedem Fall hilfreich sein dürften. Am besten benutzen Sie diese Tabelle dazu, Ihr eigenes Verhalten, vor allem in öffentlichen Diskussionen, zu prüfen.

Empfehlungen	
für Frauen	*für Männer*
Denken Sie daran, daß Metakommunikationen vom Thema wegführen und andere verletzen können.	Registrieren Sie auch die Meta-Signale ihrer Diskussionspartner.
Nutzen Sie die Möglichkeiten der Ankündigung Ihrer Thesen und Argumente (vgl. 11.3), um Unterbrechungen abzuwehren.	Lernen Sie, Redepausen (vgl. 11.2) als Bestandteile von Diskussionsbeiträgen wahrzunehmen und nicht als Gelegenheiten, den anderen (insbesondere den Frauen) ins Wort zu fallen.
Erwarten Sie von Diskussionen nicht, daß Ihre Wünsche nach Nähe, Bindung und Übereinstimmung erfüllt werden.	Verwechseln Sie Diskussionsprozesse nicht mit kriegerischen Auseinandersetzungen.
Begrüßen Sie die Kritik an Ihren Aussagen und denken Sie nicht, Ihre persönliche Integrität stehe auf dem Spiel.	Begrüßen Sie die Kritik an Ihren Aussagen und denken Sie nicht, es fänden in Wirklichkeit nur Statusauseinandersetzungen statt, bei denen es Sieger und Verlierer gibt.
Bitte erinnern Sie sich gelegentlich daran: Nicht Gefühle und Erfahrungen sind die Gegenstände kritischer Prüfungen, sondern die (manchmal auch daran geknüpften) Hypothesen. Nehmen Sie in Diskussionsprozessen Ihre eigenen Erfahrungen nicht so ernst.	Bitte erinnern Sie sich gelegentlich daran: Nicht Gefühle und Erfahrungen sind die Gegenstände kritischer Prüfungen, sondern die (manchmal auch daran geknüpften) Hypothesen. Versuchen Sie gar nicht erst, den Leuten die Gefühle auszureden, sondern beziehen Sie sich auf die Aussagen.

Stellen Sie Fragen, weisen sie auf Probleme hin, wenn Sie den Eindruck haben, daß zu rasch ein (argumentativ nicht gedecktes) Ergebnis zustande gekommen ist. Lassen Sie sich von den nonverbalen Signalen der männlichen Teilnehmer (nervöse Gesten etc.) nicht beeindrucken.	Verlieren Sie nicht die Geduld, wenn andere noch Fragen haben und unerwartete Argumente vorbringen. Hören Sie zu.

Kapitel II

Die gelungene Präsentation – einige Hinweise

Eine Meinung, die wir immer wieder zu hören bekommen, lautet: Sprechtechnik, Körperhaltung und verschiedene andere rhetorische Mittel sind doch im Grunde Äußerlichkeiten oder – schlimmer noch – Instrumente der Manipulation und der Verblendung. Letztlich sollten die Ideen, die Argumente zählen und nicht die Präsentation. Im Zuge der allgemeinen Sensibilisierung für den eigenen Körper scheinen aber immer mehr Leute zu entdecken, daß es nicht ganz unwesentlich sein kann, was – über das gesprochene Wort hinaus – während einer Rede oder eines Gesprächs geschieht. Auf der anderen Seite des Meinungsspektrums wird u.a. die Auffassung vertreten, die wirkungsvolle Präsentation – und nicht etwa die Inhalte – seien entscheidend. Die Hauptsache ist, daß es gut ankommt. Damit geht die Tendenz einher, die einschlägigen technischen Mittel der Präsentation zum Selbstzweck zu erheben. So soll es schon Redner und Rednerinnen geben, die kaum noch ein Wort hervorbringen, wenn unerwarteterweise der Overhead-Projektor oder sonstige Medien nicht zur Verfügung stehen. Wer demgegenüber meint, nur die Inhalte sollten eine Rolle spielen, unterschätzt einfach die anderen Aspekte. Noch immer begegnen wir Referenten – im Hochschulbereich häufiger als anderswo –, die unbeirrt ihre Thesen ablesen, ohne auch nur einen flüchtigen Blick ins Auditorium zu werfen. Ob die Ausführungen gut verstanden werden, gilt in erster Linie als ein Problem der Rezipienten.

141

I Warum eine gute Präsentation der Aussagen rational ist

Gegenüber diesen einseitigen Auffassungen und Gewohnheiten formuliere ich nun einige Thesen und Empfehlungen, die auch an anderen Stellen des Buches implizit oder explizit auftauchen:

1. Gerade wenn wir die löbliche Absicht haben, eine vernünftige Debatte zustandezubringen oder ein Referat zu halten, *sollten wir auch die Verantwortung für die gute Präsentation unserer Argumente übernehmen.*

2. Der Idealfall besteht meines Erachtens also darin, sowohl rational zu argumentieren als auch gut zu präsentieren.

3. Aber was kennzeichnet eine gute Präsentation? Welchen Maßstab sollen wir hierfür verwenden? Ich schlage vor, *die Darbietung als gelungen zu betrachten, wenn es uns gelingt, den Zuhörern das Zuhören zu erleichtern.* Die Empfehlungen, die Sie in diesem Kapitel finden, sollten Sie mit Hilfe dieses Kriteriums beurteilen.

4. Unverständlicherweise scheint der Glaube verbreitet zu sein, das Zuhören sei eine bloß passive Angelegenheit, ein Konsumieren von Informationen. Das stimmt aber nicht. Wie Sie aus eigener Erfahrung wissen, kann das Zuhören eine anstrengende und überaus anregende Aktivität sein. Schon beim Zuhören entwickeln wir oft kritische Einwände und ziehen verschiedene Schlußfolgerungen aus den vorgetragenen Thesen.

5. Wir sollten auf die eigenen Körpersignale und Befindlichkeiten achten. Es ist nämlich gut zu wissen, auf welche Ideen und Einwände wir auch körperlich reagieren. Hören wir eine Aussage, die uns angenehme Gefühle bereitet, dürfte es vernünftig sein, besonders sorgfältig nach kritischen Einwänden zu suchen bzw. auf solche zu achten. Lehnen wir dagegen eine Aussage auch mit körperlichen Empfindungen ab, lohnt es sich womöglich, besonders gut zuzuhören und zu überlegen, ob wir wirklich über plausible Einwände verfügen. Auf entsprechende Sig-

nale der anderen sollten wir z.B. mit besonders sorgfältigen Formulierungen oder mit Gesten reagieren, die Zuwendung oder Ermunterung signalisieren. *Wir machen also von der Körpersprache Gebrauch, ohne die jeweiligen Botschaften in der Diskussion sprachlich zu formulieren.*

Wenn wir unsere Argumente so vortragen, daß die anderen gut zuhören können, tragen wir zur Rationalität einer Debatte bei – wir fördern kritische Auseinandersetzungen. Denn leichter zuhören zu können, hat ja zur Folge, den Sinn der vorgetragenen Aussagen besser zu verstehen. Damit wächst zugleich die Chance, die Kritik treffsicher zu formulieren. Eine gute Präsentation kann daher Lernprozesse unterstützen.

Sicherlich benutzen nicht wenige Redner und Diskussionsteilnehmer, Männer wie Frauen, rhetorische und andere Mittel, um zu blenden und recht zu behalten. Aber das ist ja kein Grund dafür, auf solche Möglichkeiten prinzipiell zu verzichten. Wir verwenden diese Mittel mit dem Ziel, eine Auseinandersetzung vernünftiger zu gestalten. Auf jeden Fall ist es für Sie persönlich ein Vorteil, die folgenden Empfehlungen zu beachten; sie helfen Ihnen dabei, den Überblick über Ihre Argumentation nicht zu verlieren. Außerdem beginnen Sie sich sicherer zu fühlen, wenn Sie die verschiedenen Techniken anwenden. *So bringen Sie sich selber in eine Lage, in der es Ihnen leichter fällt, Ideen und Argumente zu finden.*

2 Richtig sprechen

Oft beeinträchtigen Unsicherheiten und Ängste unser Redeverhalten. Sogar erfahrene Redner leiden manchmal darunter, obwohl die Vertrautheit mit Redesituationen den Ängsten entgegenwirkt. Weder ist es zweckmäßig, die Unsicherheiten und Ängste einfach zu leugnen (»runterzuschlucken«), noch gelingt es, durch rein kognitive Anstrengungen diese Schwierigkeit zu bewältigen. Doch wir haben die Möglichkeit, unsere Unsicherheit zu reduzieren, indem wir bestimmte körperliche Prozesse beeinflussen – dabei nutzen wir die engen Zusammenhänge zwischen diesen Prozessen und den subjektiven Befindlichkeiten. Obgleich alle Hinweise in diesem Kapitel auch dazu beitragen, sicherer zu werden, kennen wir doch einige einfache Techniken, die direkt dem Abbau von Angst dienen. Die erste Maßnahme betrifft die Muskeln. Unmittelbar vor einem Redebeitrag sollten Sie willkürlich einige Muskelgruppen entspannen. Insbesondere die Armmuskulatur läßt sich relativ leicht kontrollieren. Eine Voraussetzung hierfür ist selbstverständlich, die Hände freizuhalten. Sie sollten sich auf keinen Fall irgendwo festhalten – auch nicht am Redenerpult. Die zweite Maßnahme besteht einfach darin, eine zeitlang (mindestens 20-30 Sekunden) auf den eigenen Atem zu achten. Hilfreich kann dabei die Vorstellung sein, den Weg der Atemluft zu verfolgen. Es ist günstig, beide Maßnahmen zu kombinieren.

Einer der häufigsten Fehler liegt darin, unmittelbar vor einem Redebeitrag tief Luft zu holen. Eine sehr einfache Empfehlung, die ihre Wirkung niemals verfehlt, lautet: Atmen Sie erst (zumindest etwas) aus, bevor Sie zu sprechen beginnen. Zwar verspüren wir zuweilen das Bedürfnis, tief einzuatmen. Das sollten wir dann auch tun – nur dürfen wir das entspannende Ausatmen nicht vergessen.

Beim Sprechtempo finden wir große individuelle und darüber hinaus kulturelle Unterschiede. Dennoch trifft zu, daß viele Rednerinnen und Redner einfach zu schnell zu sprechen. Eine Ursache – neben der Unsicherheit – ist: Schnelles Sprechen schützt oft davor, von den jeweils anderen unterbrochen zu werden. Doch dagegen gibt es bessere Mittel, die ich Ihnen im nächsten Abschnitt (11.3) vorschlage: eine gute Pausentechnik und Ankündigungen. Der entscheidende Nachteil schnellen Sprechens liegt darin, daß die Redebeiträge unverständlicher werden.

Klare, gut zu rezipierende Vorträge enthalten mehr kurze als lange Sätze. Außerdem sollte das Ende eines Satzes hörbar sein – das gelingt uns, indem wir am Ende die Stimme senken. Ein häufiger Fehler besteht dagegen darin, am Satzende die Stimme zu heben. Dabei erhalten wir – der Vortragende ebenso wie die Zuhörer – das Signal, der Satz gehe noch weiter. Dies wiederum begünstigt einen ernsten Fehler, der das Zuhören sehr erschwert: Sätze werden ohne Pause aneinandergehängt und häufig durch »und«, »das heißt« sowie durch Füllaute (wie »äh« oder »em«) miteinander verbunden. Richtig ist dagegen, *deutlich wahrnehmbare Pausen* zwischen den Sätzen zu machen, insbesondere nach der Formulierung eng zusammenhängender Thesen. Geübte Rednerinnen und Redner schaffen es, die Pausenlänge zu variieren. Subjektiv erscheinen die Pausen übrigens länger, als sie tatsächlich sind. Lernen Sie daher, langsamer zu sprechen, Pausen bewußt einzulegen und diese als ein Mittel zu begreifen, mit dem Sie die Qualität Ihrer Redebeiträge verbessern können. Außerdem ist es vorteilhaft, *fließend* (also ohne Stockungen) zu sprechen, nicht zuletzt deshalb, damit die eigentlichen Pausen mehr zur Geltung gelangen. Abgehackt spricht eine Person, die zwei Fehler kombiniert: Das Sprechtempo ist zu hoch, und es treten innerhalb der Sätze funktionslose Pausen auf (»stockende Sprechweise«). Zu einer guten Sprechtechnik gehört ferner eine gute Modulation – wichtige Satzteile und Wörter sollten wir betonen. Und nicht zuletzt trägt auch eine deutliche Aussprache dazu bei, das Zuhören zu erleichtern. Hinzu kommt, daß undeutliches Sprechen (also beispielsweise das Verschlucken der Endungen) durch Lautstärke kompensiert werden muß. Diejenigen, die deutlich sprechen, können es sich daher leisten, etwas leiser zu sprechen und auf diese Weise die Kräfte zu schonen. Was Sie gerade gelesen haben, lernen Sie, indem Sie üben – am besten unter fachkundiger Anleitung. Aber vielleicht reicht es aus, die eigene Stimme mit Hilfe von Tonbandaufzeichnungen zu kontrollieren und zu verbessern.[1]

---

1 Dabei können Sie auch »Analysebögen« benutzen, die Sie (neben einigen Übungsvorschlägen) bei Maria von Harpe (1992: 46 f.) finden.

3 Formulierungen

Es hängt nicht zuletzt von den Formulierungen ab, ob uns die anderen häufig unterbrechen. Besonders wichtig sind in diesem Zusammenhang die *Ankündigungen*. Nehmen wir einmal an, daß Ihnen während einer Debatte drei Einwände einfallen. Dann sagen Sie beispielsweise:»Gegen Ihre These erhebe ich drei Einwände – und zwar die folgenden...« Viele Diskussionsteilnehmer begehen den Fehler, ohne Pause fortzufahren und womöglich noch die Einwände in einem langen, unübersichtlichen Satz unterzubringen. Wir verfügen aber über ein wirkungsvolles Mittel, das uns hilft, die Gegenargumente sowie andere Beiträge zur Diskussion klarer zu sturkturieren – nämlich Doppelpunkte, die beim Sprechen durch Pausen dargestellt werden. Nach einer Ankündigung machen Sie eine kleine, aber deutliche Pause und beginnen danach einen *neuen* Satz. Darüber hinaus können Sie Ihre Einwände (Ihre Thesen, Ihre Forderungen, Ihre Werturteile etc.) numerieren, also mit den Worten »ersten«, »zweitens« usw. noch einmal ankündigen. Danach sollten Sie jeweils eine kleine Pause einlegen und mit einem neuen, vollständigen Satz fortfahren. Falls Sie unterbrochen werden, haben Sie nunmehr die Möglichkeit, kurz auf Ihre Ankündigung hinzuweisen, die ja auch Erwartungen bei den anderen Teilnehmern geweckt hat:»Diese Idee sollten wir gleich aufgreifen, aber ich möchte zunächst meinen dritten Einwand vortragen, nämlich...« Deutlich wahrnehmbare Pausen, die die Aufmerksamkeit der Zuhörenden steuern, verringern das Risiko, öfter unterbrochen zu werden.

Im übrigen sollten Sie mit *gelegentlichen* Unterbrechungen souverän umgehen. Denn ein Diskussionsteilnehmer, der hin und wieder den anderen ins Wort fällt, bringt vielleicht die eine oder andere gute Idee ins Spiel.

Auch Konjunktive können einen Redebeitrag belasten, wenn sie zu oft auftreten. Hinter der Benutzung von Konjunktiven verbirgt sich manchmal die durchaus löbliche Absicht, auf die Vorläufigkeit oder die Vagheit einer Behauptung hinzuweisen. Auch dies gelingt aber meistens besser, wenn wir statt dessen

Doppelpunkte verwenden: »Die folgende These, über die ich mir nicht im klaren bin, stelle ich jetzt einmal zur Diskussion: (Pause, neuer Satz, weitere Sätze, mit denen die These – ohne Konjunktive – vorgestellt wird).« Neben der Verwendung der Doppelpunkt sind auch *Fragesätze* nützlich, mit denen wir die jeweils anderen *auffordern*, Aussagen zu diskutieren: »Was halten Sie von dem folgenden Vorschlag? (Pause), (Sätze ohne Konjunktiv).«

Eine These, die wir hin und wieder zu hören bekommen, lautet: Schwierige und tiefgründige Ideen erfordern besonders komplizierte Sätze. Ernst Bloch zum Beispiel hat die Ansicht vertreten, Hegels Sprache sei aus eben diesem Grund so ungewöhnlich und schwer zu verstehen (Bloch 1971). Diese These scheint aber falsch zu sein, wie etwa Vergleiche mit bedeutenden englischen Autoren zeigen. Auch wer über schwierige Probleme schreibt oder spricht, kann dabei klare und verständliche Sätze benutzen. Das soll Ihnen das folgende Beispiel veranschaulichen. Es stammt aus dem Buch »Sich verständlich ausdrücken« (Langer/Schulz v. Thun/Tausch 1990[4]), in dem Sie Übungen finden, die Ihnen dabei helfen, Texte besser zu gestalten.

Oben steht der Original-Text, darunter die verbesserte Version; es geht um die Zusammenfassung einer wissenschaftlichen Untersuchung:

»11 Lehrer(innen), die im 8. bis 9. Volksschuljahr unterrichten, führten in ihren Klassen Unterrichtsgespräche über den gleichen, Schülern verschiedenen Alters geläufigen Gegenstand durch. Die Gespräche wurden vollständig auf Tonband aufgenommen und auf 12 Merkmale der sprachlichen Kommunikation von Lehrern und Schülern hin analysiert. Die Befunde früherer Arbeiten, die auf ein Übergewicht von Lehrern in den unterrichtlichen Interaktionen sowie auf nicht-zufällige Zusammenhänge im Sprachverhalten von Lehrern und Schülern schließen lassen, konnten durch die vorliegenden Ergebnisse bestätigt und ergänzt werden. Erwartungsgemäß erwiesen sich die beobachteten interindividuellen Unterschiede in der sprachlichen Dominanz von Lehrern sowie in der Bevorzugung verschiedener Beeinflussungsstrategien als unabhängig vom Alter der Schüler wie auch der Klassenstärke. Die Befunde legen die Annahme nahe, daß die analysierten Sprachmerkmale nicht wesentlich von äußeren unterrichtlichen Bedingungen, sondern von persönlichen Haltungen und Einstellungen der Lehrer abhängen.«

»11 Lehrer(innen) führten in ihren Klassen (8./9. Schuljahr) Unterrichtsgespräche über den gleichen Gegenstand durch. Der Gegenstand war den Schülern geläufig. Die Gespräche wurden vollständig auf Tonband aufgenommen und auf 12 Merkmale des Sprachverhaltens von Lehrern und Schüler hin analysiert.

Ergebnisse:

1. Lehrer sprechen mehr als Schüler. 2. Das Sprachverhalten von Lehrer und Schüler ist nicht unabhängig voneinander. 3. Das Ausmaß der sprachlichen Dominanz der Lehrer erwies sich als unabhängig von Klassenstärke und Alter der Schüler. 4. Ebenso unabhängig hiervon erwies sich die Bevorzugung verschiedener Beeinflussungsstrategien. Die Befunde 3 und 4 legen folgende Annahme nahe: Die analysierten Sprachmerkmale hängen weniger von äußeren Unterrichtsbedingungen als von persönlichen Haltungen und Einstellungen der Lehrer ab.« (Langer u.a. 1990[4]: 115 f.)

4 Aspekte der Körpersprache

Mit einer guten nonverbalen Kommunikation bauen Sie eine Brücke zum Publikum bzw. zu den anderen Diskussionsteilnehmern. Sie erleichtern dadurch Ihrem Partner das Zuhören.

Einerseits stimmt wohl die bekannte These, daß die Körpersprache die augenblicklichen Stimmungen zum Ausdruck bringt. Andererseits unterliegen die Signale, die wir mit unserem Körper aussenden, in einem gewissen Umfang unserer Kontrolle; es ist also möglich, auf die Körpersprache einzuwirken. Indem wir dies tun, beeinflussen wir aber auch indirekt wiederum unsere Befindlichkeiten. Wir schaffen bessere Voraussetzungen für unser Wohlergehen – wenn wir dabei richtig vorgehen.

Ein sehr wichtiger Aspekt unseres Verhaltens sind die Blickkontakte. Sobald wir häufiger auf den Boden, die Decke oder aus dem Fenster schauen, beginnt unsere Brücke zu den anderen zu schwanken. In einem kleinen Kreis – insbesondere in einer Diskussionsrunde – sollte es Ihnen gelingen, zu jedem Teilnehmer Blickkontakte zu knüpfen. *Es genügt nicht,* auf die Stirn oder die Nase zu schauen oder durch die jeweilige Person »hindurchzusehen«. Einen Blickkontakt haben Sie erst dann hergestellt, wenn beispielsweise eine Zuhörerin in der zweiten Reihe und Sie selbst den Kontakt registrieren. Dieser Kontakt sollte nur kurz andauern, schließlich wollen Sie ja noch andere Leute anschauen. Außerdem können lange Blickkontakte aggressiv wirken. Falls Sie vor vielen Menschen sprechen, müssen Sie der Versuchung widerstehen, nur diejenigen anzuschauen, die in der ersten oder den ersten beiden Reihen sitzen. Zwar ist es nicht erforderlich und oftmals auch gar nicht möglich, jeder Person in die Augen zu sehen. Aber Sie sollten Ihre Blickkontakte im gesamten Auditorium unsystematisch verteilen.

Andere wichtige Aspekte der Körpersprache hängen mit der Haltung und der Gestik zusammen, deren Bedeutung oft unterschätzt wird. So ist es auf jeden Fall ratsam, ruhig und fest auf dem Boden zu stehen und beide Füße gleichmäßig zu belasten. Die Knie werden dabei aber nicht »durchgedrückt«. Häufig können wir beobachten, wie Rednerinnen oder Redner hin und her laufen, manchmal auch weil sie meinen, auf diese Weise mehr Dynamik zu entwickeln. Dagegen ist aber zu sagen, daß jede Bewegung, *die für die Zuhörenden keine erkennbare Funktion hat,* ablenkt oder sogar stört. Besonders irritierend wirken stereotype Verhaltensmuster – z.B. Schaukelbewegungen. Während einer Diskussion sollten wir darauf achten, nicht mit einem Lineal, Bleistift oder Schlüsselbund zu hantieren. Statt dessen benutzen wir unsere Arme und Hände, um das, was wir sagen, zu unterstreichen. Eine gelungene Gestik, die mit den Inhalten in Einklang stehen muß, erfolgt deutlich oberhalb der Gürtellinie (vgl. v. Harpe 1992; Schlüter-Kiske 1987). Falls Sie einen Zettel mit Stichworten benutzen, denken Sie bitte daran, denselben zum Gesicht zu führen (natürlich ohne das Gesicht zu verdecken), damit Sie nicht nach unten blicken oder sich gar beugen müssen. Es fällt Ihnen dann leichter, immer wieder Blickkontakte herzustellen.

Auch die Stimme enthält Informationen über die internen Zustände. Solche Signale werden zumeist nicht bewußt wahrgenommen; dennoch haben sie eine Wirkung. Unter 11.2 finden Sie den Hinweis, die Stimme am Satzende zu senken. Das ist auch deshalb wichtig, weil mit dem Heben und Senken der Stimme bestimmte Botschaften vermittelt werden: »Niedrige und abfallende Tonlage am Satzende drückt Entschiedenheit aus, ansteigende und hohe Tonlage am Satzende dagegen Unentschiedenheit, Unsicherheit, auch bei Fragen. Die Tonhöhenvariation scheint universal einem recht einheitlichen Muster zu folgen.« (Eibl-Eibesfeldt 1984: 660) Diese paralinguistischen Informationen[2] korrespondieren nicht mit den Inhalten eines Redebeitrags, »denn Menschen sind in der Lage, auch Texte, die in einer ihnen unbekannten Sprache gesprochen werden, auf ihren Stimmungsgehalt zu beurteilen« (ebd.: 656).

Eine gelungene Präsentation hängt auch von unserer Einstellung zu den Utensilien (wie Overhead-Projektor, Tafel etc.) ab, die wir während einer Rede benutzen. Es sollte uns gelingen, solche Medien nur als *Hilfsmittel* zu betrachten, die wir hin und wieder einsetzen, um die Rede noch wirkungsvoller zu gestalten. Manche Redner beschäftigen sich leider mehr mit ihren Medien als mit ihrem Vortrag. Wichtig ist darüber hinaus, nicht zu früh mit einem Diskussionsbeitrag oder gar einem Referat zu

---

2 Hierfür wird auch der Ausdruck »prosodische Merkmale« verwendet.

beginnen. *Wir kommunizieren einen Moment nonverbal, bevor wir zu sprechen beginnen.* »Nehmen Sie Empfehlungen, wie z.b. für sicheres Sitzen und Stehen, angemessen lautes Sprechen, Blickkontakt usw., Stück für Stück in Ihre Verhaltensmuster auf. Bei einigen Punkten wird dies nicht so schnell gelingen, bei anderen werden Sie staunen, wie schnell es geht. Und wie gut Ihnen diese Veränderung tut. Die sicheren, ruhigen Signale des Körpers beeinflussen Gedanken und Gefühle, verändern das Selbstbild.« (Schlüter-Kiske 1987: 50) Diese Bemerkungen hat Schlüter-Kiske in erster Linie für Frauen niedergeschrieben. Aber auch die Männer sollten sie zur Kenntnis nehmen.

Kapitel 12

Ausblick: Warum überhaupt vernünftig sein?

Abschließend stellen wir eine Frage, deren positive Beantwortung ich in den vorangegangenen Kapiteln mehr oder weniger vorausgesetzt habe: Warum soll ein Mensch überhaupt vernünftig sein? Was hat er davon? Obwohl es so aussieht, als ob diejenigen, die sich mit solchen Fragen befassen, bereits vernünftig handelten, steht die Antwort keineswegs von vornherein fest. Die Vernunft – genauer gesagt: die Idee von Vernunft – ist ein Gegenstand heftiger Kontroversen (z.b. Schnädelbach 1984). Mehrere Versionen dieser Idee stehen zur Debatte, so daß die Empfehlung, der Vernunft zu folgen, die Frage nach sich zu ziehen scheint: Von welcher Idee der Vernunft ist eigentlich die Rede?

Manche Varianten dieser Idee bringen die Vernunft mit der Vorstellung von sicherer Begründung[1] in einen Zusammenhang; andere betonen mehr die Rolle der Kritik. Kontrovers ist unter anderem, ob die Vernunft überhaupt selbst begründet oder wenigstens auf eine vernünftige – argumentative – Weise gerecht-

---

1 Eine sichere Begründung ist eine Begründung, die keinem Zweifel unterliegt. Den Versuchen, solche Begründungen zu erreichen, liegt u.a. die Hoffnung zugrunde, hypothesenfreie, unumstößliche Erkenntnisse zu gewinnen. Auch wenn es vielleicht schön wäre, ein solches Wissen zu besitzen, ist es keineswegs eine Voraussetzung für vernünftiges Handeln. Zur Vernunft gehört vielmehr, mit der »Fehlbarkeit der Vernunft« (Albert 1980[4]) zu rechnen. Eine Kritik an diesem Standpunkt haben einige Transzendentalphilosophen – wie Apel – versucht, die Letztbegründungen für möglich halten.

fertigt werden kann. Beruht also die Entscheidung, vernünftig zu sein, auf einem Glauben oder besteht die Möglichkeit, diese Entscheidung mit Argumenten plausibel zu machen (Rescher 1993)?

Zwar kann niemand mit Argumenten gezwungen werden, eine vernünftige Haltung zu entwickeln; aber es dürfte im wohlverstandenen Eigeninteresse vieler Menschen liegen, daß ihnen Lernprozesse gelingen. Da wir Wünsche haben und Ziele verfolgen, stellen sich immer wieder Fragen nach den geeigneten Mitteln – Fragen, auf die wir eher Antworten finden, wenn wir die Instrumente kritischer Prüfung verwenden. Es gibt Zeitgenossen, die jede Variante der Vernunftidee mit Argwohn betrachten, weil sie meinen, die Vernunft schließe Gefühle und Leidenschaften aus. Dabei wäre es doch in höchstem Maße unvernünftig, Wirksamkeit und Wert von Gefühlen und Leidenschaften in unserem Leben zu unterschätzen.

Am besten läßt sich die Vernunft vielleicht als eine Haltung und eine Fähigkeit charakterisieren, Kritik zuzulassen, Kritik zu üben und damit aus Fehlern zu lernen. Vernünftig zu sein, läuft keinesfalls darauf hinaus, immer und überall zu kritisieren. So handeln wir oft rational, ohne lange darüber nachdenken zu müssen: »Wenn ich in das Auto steige, lege ich automatisch den Sicherheitsgurt an. Es ist zweifellos rational, so zu handeln; aber an diesem Punkt gibt es nichts, worüber ich nachdenken müßte, weil ich es mir in der Vergangenheit (vernünftigerweise) angewöhnt habe, dies zu tun.« (Rescher 1993: 17)

Wir sollten überdies beachten, daß es auch von unseren Zielen (über die wir ebenfalls vernünftig debattieren können) und von der jeweiligen Situation abhängt, welche Verhaltensweise rational ist. Falls Sie eine Zaubervorführung ansehen und genießen möchten, wäre es keineswegs vernünftig, ständig in kritischer Absicht Ihren Nachbarn auf verborgene Tricktechniken hinzuweisen. Dabei stören Sie ja nur die Atmosphäre, die ein Bestandteil der Kunst der freundlichen Täuschung ist. Begegnen Sie jedoch einem »Medium«, also einer Person, die z.B. behauptet, ein Ereignis mittels übersinnlicher Kräfte vorherzusehen, dürfte es wohl vernünftig sein, die Verwendung von

Tricktechniken in Betracht zu ziehen. Wer diese enttarnt, handelt rational. Denn unser »Medium« beansprucht ja, die Wahrheit zu sagen, eine Wahrheit, die Konsequenezn für einige wissenschaftliche Theorien haben würde.

»Im vernünftigen Leben ist die Rationalität nicht Ursache, sondern hat eine Leitfunktion.« (Kanitscheider 1993: 9) Keinesfalls sollten wir die Leistungen der Vernunft überschätzen. So gehört – beispielsweise – die Entstehung und Verbreitung von Normen und Werthaltungen zu denjenigen Prozessen, die wir noch unzureichend verstehen und nur zum Teil mit vernünftigen Entscheidungen steuern. Auch deshalb erscheint es mir plausibler, *die rationale Argumentation eher als ein Instrument der Kritik, der Selektion* zu begreifen statt als ein Begründungsverfahren. Denn die *bereits vorhandenen* Maßstäbe, Normen und ethischen Entwürfe können wir kritischen Prüfungen unterwerfen und auf diese Weise verbessern (Popper 1974[5], Kap. 4). Zugleich liefert uns das zunehmende Wissen über die Wirklichkeit immer mehr Hinweise auf die Spielräume, über die wir bei der Gestaltung unserer Lebensbedingungen verfügen. Vernünftig zu sein, bietet also die Chance, mehr Klarheit über die erreichbaren Optionen zu gewinnen.

Manche Menschen lassen sich von der Tatsache entmutigen, daß die Wirklichkeit stets hinter ihren Idealen und Hoffnungen zurückbleibt. Deshalb ist es wichtig, die Ideale und Hoffnungen hin und wieder kritischen Prüfungen zu unterwerfen. Auch die Praxis unseres Argumentierens kann bitter enttäuschen, wenn wir zu hohe Erwartungen damit verbinden. Deshalb betone ich in diesem Buch: Eine vernünftige Diskussion entwickeln wir niemals ohne Fehler, sie verläuft niemals ohne Störungen.

»Rationale Diskurse haben einen unwahrscheinlichen Charakter und heben sich wie Inseln aus dem Meer der alltäglichen Praxis heraus«, meint Habermas (1991: 162), der etwas strengere Maßstäbe anlegt. Aber auch der vernünftige Diskurs ist kein Entweder-Oder-Phänomen. Wir alle sind mehr oder weniger vernünftig, und es liegt an uns, gerade in heiklen Situationen, vernünftige Argumentationsprozesse in Gang zu bringen, die oft unerwartete Ergebnisse liefern – und manchmal sogar überraschende Lösungen für einige unserer Probleme. Wir können uns daran gewöhnen, die eigenen Überzeugungen nicht als unaufgebbare Bestandteile der Person (oder unserer »Identität«) zu betrachten. Sobald es uns gelingt, Aussagen unabhängig von Personen zu untersuchen (Kap. 1), gelangen wir leichter zu der Ansicht, »daß wir jeden Menschen, mit dem wir uns verständigen, als eine potentielle Quelle von Argumenten und von vernünftiger Information betrachten müssen« (Popper 1992[7]: 264). Demnach scheint eine Beziehung zwischen der Idee der Vernunft und der Forderung nach Toleranz zu bestehen. Auf der anderen Seite macht uns die Orientierung an den (jeweils vorläufigen, prinzipiell kritisierbaren) Aussagen auch täuschungsfester. Wir lassen uns nicht von Personen und Instanzen beeindrucken, die uns mit Unfehlbarkeitsansprüchen, schnellen Lösungen und weitreichenden Versprechungen umgarnen.

Ob und inwieweit eine so verstandene Vernunft zum Zuge kommt, hängt von vielen Bedingungen ab, die sich teilweise unserer Verfügbarkeit entziehen und die wir noch nicht in ausreichendem Maße verstehen. Vielleicht haben wir aber die Chance, die uns zugänglichen Instrumente der Vernunft dafür zu nutzen, die Voraussetzungen für die Vernunft zu verbessern.

Glossar

Im 5. Kapitel habe ich erläutert, daß verschiedene Gewohnheiten uns dazu verleiten können, Begriffe zu wichtig zu nehmen, während es doch vor allem auf die Aussagen ankommt. Auch das Lesen eines Glossars bekräftigt womöglich die – falsche – Ansicht, es sei entscheidend, die ›richtigen‹ Begriffe zu erlernen. Ich deute daher in diesem Glossar die Probleme an, bei deren Erörterung der jeweilige Begriff eine Rolle spielt.

Ad-hoc-Hypothese
Das ist ein gebräuchlicher Ausdruck für eine Hilfshypothese, die erfunden wird, um Schwierigkeiten zu erklären, die bei der Prüfung einer Theorie auftreten. Ad-hoc-Hypothesen dienen nicht selten der → Immunisierung.

Argument
Dieser Begriff wird unterschiedlich verwendet. Im Kontext der vorliegenden Arbeit sind Argumente alle diejenigen Sätze, die wir verwenden, um → Aussagen bzw. → Theorien kritisch zu prüfen oder um zu zeigen, daß eine Theorie ein bestimmtes Problem tatsächlich löst. Viele Autoren bringen den Begriff »Argument« mit der Idee der → Begründung in einen Zusammenhang.

Aussage
Eine oder mehrere Aussagen behaupten etwas, das wir bestreiten können, indem wir die Instrumente der → Kritik benutzen. In der vorliegenden Arbeit verwende ich statt »Aus-

sage« zuweilen den Begriff »Satz«. Sätze bzw. Aussagen stehen in logischen Beziehungen zueinander. Informative Aussagen behaupten etwas über die Wirklichkeit, sie sagen, wie die Welt (vermutlich) ist, während normative Aussagen sich darauf beziehen, wie die Welt sein sollte. Mittel-Aussagen stellen eine Variante informativer Aussagen dar. Meta-Aussagen sind Aussagen über Aussagen.

Begründung
Ist es nicht plausibel, für alle Behauptungen eine Begründung zu verlangen? Und müssen wir nicht auch unsere → Kritik begründen? Inzwischen verneinen viele Autoren diese Fragen. An die Stelle der Begründung tritt auch in diesem Buch die begründungsfreie kritische Prüfung.

Beweis
Früher glaubte man, unser Wissen, unsere → Theorien müßten bewiesen werden. Aber alle → Theorien sind hypothetisch. Wir können sie prüfen, verbessern, weiterentwickeln und oft auch widerlegen.

Definition
Ebensowenig wie für → Begründungen gibt es für Definitionen einen Haltepunkt. Definitionen haben etwas mit unserem Sprachgebrauch zu tun – wir erläutern mit einer Definition die Bedeutung eines Begriffs. Begriffe sind – im Gegensatz zu informativen → Aussagen – weder wahr noch falsch.

Erfahrung
Was wir erfahren, erfahren wir im Lichte bestimmter → Hypothesen (die nicht sprachlich formuliert sein müssen): Erfahrungen sind zum einen Anlässe, um → Hypothesen zu erfinden. Zum anderen können wir Erfahrungen benutzen, um → Hypothesen zu prüfen. Jede Erfahrung ist mit unterschiedlichen → Theorien vereinbar.

Erklärung
Eine wichtige – aber nicht die einzige – Funktion von → Theorien besteht darin, das Auftreten bestimmter Ereignisse,

aber auch → Theorien mit geringerer Erklärungskraft zu erklären.

Ethik
Eine Ethik ist eine Lehre, die sich mit der Frage beschäftigt, wie wir leben sollen. Meta-Ethiken wiederum beziehen sich auf die konkurrierenden ethischen Positionen. Eine Meta-Ethik klassifiziert beispielsweise die verschiedenen Ansätze der Ethik.

Fallibilismus
Das ist eine Bezeichnung für die heute ziemlich verbreitete Auffassung, derzufolge alle Erkenntnisse hypothetisch sind und die menschliche Vernunft insgesamt fehlbar ist.

Fehlschluß
Ein Fehlschluß ist ein Pseudoargument. Obwohl Fehlschlüsse des öfteren akzeptiert werden, haben sie keine argumentative Kraft. Sie gehören daher nicht zu den Bestandteilen einer vernünftigen → Kritik.

Gesetz bzw. Gesetzesannahme
Darunter versteht man heutzutage meistens eine gut geprüfte → Hypothese über stabile Regelmäßigkeiten bzw. Zusammenhänge in der Welt.

Heuristik
Das ist die Lehre von den Verfahren, die uns dabei helfen, Probleme, → Hypothesen und Widerlegungsversuche zu *finden*. Die Heuristik sollte nicht mit der Idee sicheren Wissens in einen Zusammenhang gebracht werden. Überlegungen zu einer »rationalen Heuristik« finden wir in Hans Alberts Buch »Die Wissenschaft und die Fehlbarkeit der Vernunft«, Tübingen 1982.

Hypothese
Eine Hypothese ist zunächst ganz allgemein eine Vermutung oder eine Annahme über einen Sachverhalt. Wir bevorzugen Hypothesen, die widerlegbar sind, weil sie das Auftreten bestimmter Ereignisse verbieten.

Ideologie

In Ideologien sind zumeist informative und normative → Aussagen auf unzulässige Weise miteinander verbunden. Ideologien enthalten meist den Anspruch, auf sichere Erkenntnisquellen zurückzugehen. Gegen Ideologien helfen die Instrumente rationaler Ideologiekritik.

Informationsgehalt

Darunter versteht man die Menge an Informationen, die eine informative Aussage oder eine Theorie enthält. Je mehr Möglichkeiten bzw. Ereignisse eine → Theorie ausschließt, desto höher ist deren Informationsgehalt.

Immunisierung

Jede Annahme kann vor einer Widerlegung geschützt werden – zum Beispiel durch → Ad-hoc-Hypothesen. Dann ist es die Aufgabe der → Kritik, die Immunisierungsstrategien aufzudecken.

Induktion

Das ist eine Bezeichnung für solche Verfahren, die es uns ermöglichen sollen, von Beobachtungen (genauer: Beobachtungsaussagen) zu allgemeinen → Aussagen zu gelangen. Es ist umstritten, ob es gültige induktive Schlüsse gibt und ob wir induktiv lernen.

Kritik

Die Kritik ersetzt die → Begründung. Sie besteht aus verschiedenen Verfahren bzw. Instrumenten, die der Prüfung von Aussagen dienen. Die Kritik überschreitet Kontexte.

Logik

Die Logik ist die Lehre von den Beziehungen zwischen Sätzen. Sie beschäftigt sich also mit bestimmten Strukturen, nicht mit den Denk- und Lernprozessen.

Meta-Aussage

→ Aussage über eine Aussage

Meta-Mitteilung
Dieser Begriff wird in der Kommunikationspsychologie verwendet. Eine (non-verbale) Meta-Mitteilung sagt etwas über die Beziehungen zu den jeweils anderen.

Norm
Normen sind Vorschriften, die sich auf das Verhalten beziehen.

Performative Widersprüche
Hierbei handelt es sich um Widersprüche zwischen dem, was eine Person sagt, und dem, was sie tut. Der Ausdruck »performative Selbstwidersprüche« wird im Zusammenhang mit den sog. transzendentalphilosophischen Letztbegründungen verwendet.

Relativismus
Der Relativismus behauptet, daß die Gültigkeit von Argumenten, von Erkenntnissen und ethischen Positionen überhaupt, kontextabhängig ist, also nur innerhalb eines bestimmten Rahmens festgestellt werden kann.

Sprache
Die Sprache hat mehrere Funktionen, deren wichtigste im Zusammenhang vernünftiger Argumentation ist, daß die Sprache es ermöglicht, Überzeugungen von der Person abzukoppeln.

Theorie
Eine Theorie besteht aus einem Bündel informativer → Aussagen, die in logischen Beziehungen zueinander stehen.

Wahrheit
Wahrheit läßt sich vielleicht als eine Eigenschaft von Sätzen bzw. → Aussagen begreifen. Sie sollte nicht mit der Bereitschaft einer Person verwechselt werden, etwas (eine Aussage) für wahr zu halten.

Werturteil
Wir bewerten bestimmte Aspekte der Wirklichkeit – manch-

mal auch die Welt als Ganzes –, wobei die Werturteile nicht aus informativen → Aussagen abgeleitet werden dürfen.

Widerlegbarkeit
Das ist eine logische Beziehung zwischen Sätzen, den Sätzen der → Theorie und denjenigen, an denen sie scheitern kann. Es handelt sich dabei um ein Gütezeichen von → Theorien. Newtons → Theorie ist widerlegbar, während die Thesen Erich von Dänikens dieses Merkmal nicht (oder nur unvollständig) aufweisen. Die Widerlegbarkeit darf keinesfalls mit einer gelungenen *Widerlegung* verwechselt werden. Es spricht für eine → Theorie, widerlegbar zu sein und den bisherigen Widerlegungsversuchen standgehalten zu haben.

Literatur

Albert, Hans (1980[4]), *Traktat über kritische Vernunft*, Tübingen [Dieses bekannte Werk enthält eine ausführliche Kritik an der Begründungsidee.]

Albert, Hans (1989), »Zur Kritik der reinen Religion. Über die Möglichkeit der Religionskritik nach der Aufklärung«, in: Salamun, Kurt (Hg.), *Aufklärungsperspektiven*, Tübingen

Albert, Hans (1992), »Die Wertfreiheitsproblematik und der normative Hintergrund der Wissenschaften«, in: Lenk, H./Maring, M. (Hg.), *Wirtschaft und Ethik*, Stuttgart 1992, S. 82-100 [Der Aufsatz behandelt u.a. die Frage nach den Beziehungen zwischen Zweck und Mittel.]

Alt, Jürgen August (1988), »Die Evolutionstheorie im Werk Karl Raimund Poppers«, in: Sievering, Ulrich O. (Hg.), *Kritischer Rationalismus heute*, Frankfurt, S. 63-82

Alt, Jürgen August (1990), »Die Unanschaulichkeit und Fremdheit von Wissensbeständen – eine Herausforderung für die Pädagogik«, in: *Vierteljahresschrift für Wissenschaftliche Pädagogik* 2/1990, S. 226-235

Alt, Jürgen August (1992), *Karl R. Popper*, Frankfurt/New York [Die Kapitel 7 und 11 beschäftigen sich mit dem Relativismus.]

Ayer, Alfred Jules (1985), »Der Wiener Kreis«, in: McGuinness, Brian (Hg.), *Zurück zu Schlick*, Wien, S. 8-23

Bartley, William Worren (1987), *Flucht ins Engagement*, Tübingen [Bartley geht u.a. der Frage nach, ob die Entscheidung für eine vernünftige Haltung letztlich irrational ist.]

Baumgart, Georg (1992), »Zur Rhetorik der Polemik in der Frühen Neuzeit«, in: Bosbach, Franz (Hg.), *Feindbilder*, Köln/Weimar/Wien, S. 1-21 [Baumgart stellt einen Aspekt der Polemik der Frühen Neuzeit heraus, der für die Polemik überhaupt charakteristisch ist: die Tendenz, zu personalisieren, also Aussage und Person *nicht* zu trennen.]

Beck-Gernsheim, Elisabeth (1993), Therapie – Prävention – Selektion. Fortschritte und Dilemmata der Pränatal- und Gendiagnostik, in: Kaiser, Gert u.a. (Hg.), *Kultur und Technik im 21. Jahrhundert*, Frankfurt, S. 190-192

Birmelin, Rolf/Hahn, Karin/Schraut-Birmelin, Marianne/Schütz, Klaus/ Wagner, Christel (Hg.), (1990²), *Erfahrungen lebendigen Lernens*, Mainz

Bloch, Ernst (1971), *Subjekt-Objekt, Erläuterungen zu Hegel*, Frankfurt

Blumenberg, Hans (1981), *Die Genesis der kopernikanischen Welt*, Frankfurt, Band 1-3

Böhme, Gernot (1985), *Anthropologie in pragmatischer Hinsicht*, Frankfurt

Böhme, Gernot (1992), »Denken üben«, in: *Zeitschrift für Didaktik der Philosophie* 1/1992, S. 26-29

Bohnke, Ben Alexander (1993), *Stichwort Esoterik*, München

Buggle, Franz (1992), *Denn sie wissen nicht, was sie glauben*, Reinbek

Bühler, Karl (1978), *Sprachtheorie*, Frankfurt/Berlin/Wien

Campbell, Donald T. (1975), »On the Conflicts between Biological and Social Evolution and between Psychology and Moral Tradition«, in: *American Psychologist*, S. 1103-1126

Capra, Fritjof (1983²), *Wendezeit*, Bern/München/Wien

Capra, Fritjof/Steindl-Rast, David (1993), *Wendezeit im Christentum*, München

Castelnuovo, Enrico (1990), »Der Künstler«, in: Le Goff, Jacques (Hg.), *Der Mensch des Mittelalters*, Frankfurt/New York, S. 232-267

Chastel, André (1990), »Der Künstler«, in: Garin, Eugenio (Hg.), *Der Mensch der Renaissance*, Frankfurt/New York, S. 251-281

Carnap, Rudolf (1992), *Mein Weg in die Philosophie*, Stuttgart

Ditfurth, Hoimar v. (1981), *Wir sind nicht nur von dieser Welt*, Hamburg

Dörner, Dietrich (1976), *Problemlösen als Informationsverarbeitung*, Stuttgart/Berlin/Köln

Dörner, Dietrich (1989), *Die Logik des Mißlingens*, Reinbek [Diese Arbeit stellt einige Forschungsergebnisse vor, die zeigen, daß eine rigide Hypothesenbildung sowie das Festhalten an eigenen Überzeugungen fatale Folgen mit sich bringen können.]

Eibl-Eibesfeldt, Irenäus (1984), *Die Biologie des menschlichen Verhaltens*, München/Zürich

Einstein, Alfred (1989), *Mozart*, Frankfurt

163

Feyerabend, Paul (1980), *Erkenntnis für freie Menschen*, Frankfurt
Feyerabend, Paul (1989), *Irrwege der Vernunft*, Frankfurt [Eine Kritik an der Idee der Vernunft, mit vielen Thesen zum Relativismusproblem.]
Feyerabend, Paul (1992), *Über Erkenntnis*, Frankfurt/New York
Fischer, Ernst Peter (1992), *Kritik des gesunden Menschenverstandes*, München [Der Autor zeigt an interessanten Beispielen, wie uns unsere Intuitionen in die Irre führen.]
Follesdal, Dagfinn/Wallace, Lars/Elster, Jon (1986), *Rationale Argumentation*, Berlin/New York [Ein lesenswertes Buch, in dem etliche Problemkreise behandelt werden, die ich nicht erwähnt habe, z.b.: Syntax, Spieltheorie, Entscheidungstheorie.]
Frankena, William K. (1981³), *Analytische Ethik*, München [In diesem Standardwerk erörtert der Autor verschiedene Theorien über die Ethik. Die Unterscheidung von Ethik und Meta-Ethik wird auf eine gut nachvollziehbare Weise dargestellt.]
Frühwald, Wolfgang/Jauß, Hans Robert/Koselleck, Reinhart/Mittelstraß, Jürgen/Steinwachs, Burkhart (Hg.) (1991), *Geisteswissenschaften heute*, Frankfurt

Geißner, Hellmut (1986³), *Rhetorik und politische Bildung*, Frankfurt
Gilligan, Carol (1991⁵), *Die andere Stimme*, München/Zürich
Girgensohn-Marchand, Bettina (1992), *Der Mythos Watzlawick und die Folgen*, Weinheim [Eine kritische Auseinandersetzung mit Watzlawicks berühmter Theorie – lesenswert ist z.B. die Auseinandersetzung mit den sogenannten Axiomen. Unter anderem kritisiert die Autorin die weite Fassung des Audrucks »Kommunikation«, der darauf hinausläuft, Verhalten mit Kommunikation gleichzusetzen.]
Gombrich, Ernst H. (1978), *Meditationen über ein Steckenpferd*, Frankfurt
Gombrich, Ernst H. (1991), *Die Krise der Kulturgeschichte*, München

Habermas, Jürgen (1981), *Theorie des kommunikativen Handelns*, Bd. 1 und 2, Frankfurt
Habermas, Jürgen (1991), *Erläuterungen zur Diskursethik*, Frankfurt, Kap. 6, S. 119-226 [Das dürfte der beste Text von Habermas über dieses Thema sein; der Autor setzt sich auch kritisch mit relativistischen Argumenten auseinander.]
Harpe, Maria v. (1992), *Rhetorik*, Münster [Die Autorin liefert viele Anregungen für eine gute, wirkungsvolle Präsentation von Diskussionsbeiträgen, Referaten und Reden.]
Harris, Marvin (1993), *Fauler Zauber. Unsere Sehnsucht nach der anderen Welt*, Stuttgart

Hegselmann, Rainer/Merkel, Reinhard (Hg.) (1991), *Zur Debatte über Euthanasie*, Frankfurt
Hentig, Hartmut v. (1992), »Hat die Sprache ein Geschlecht«, in: *Neue Sammlung* 2/1992, S. 165-178

Kanitscheider, Bernulf (1993), *Von der mechanistischen Welt zum kreativen Universum*, Darmstadt
Keuth, Herbert (1989), *Wissenschaft und Werturteil*, Tübingen
Krämer, Walter (1991), *So lügt man mit Statistik*, Frankfurt/New York
Kuhlmann, Wolfgang/Böhler, Dietrich (1982), *Kommunikation und Reflexion*, Frankfurt
Kuhlmann, Andreas (1993), »Ethikbegründung – empirisch oder transzendentalphilosophisch«, in: Lüttersfelds (Hg.), *Evolutionäre Ethik zwischen Naturalismus und Idealismus*, Darmstadt, S. 81-100 [Der Autor argumentiert gegen die mittlerweile verbreitete (auch in meinem Buch spürbare) Tendenz, die Idee der Begründung und auch das Interesse an Begründung zu diskreditieren.]
Küng, Hans (1979), *24 Thesen zur Gottesfrage*, München
Kuhn, Thomas S. (1981), *Die kopernikanische Revolution*, Wiesbaden

Langer, Inghard/Schulz v. Thun, Friedemann/Tausch, Reinhard (1990[4]), *Sich verständlich ausdrücken*, München/Basel
Lenk, Hans (1970), »Philosophische Logikbegründung und rationaler Kritizismus«, in: *Zeitschrift für philosophische Forschung* 24, S. 183-205
Lindsay, Peter H./Norman, Donald A. (1981), *Einführung in die Psychologie*, Berlin/Heidelberg/New York
Lorenz, Konrad (1973), *Die Rückseite des Spiegels*, München
Lukács, Georg (1968), *Geschichte und Klassenbewußtsein*, Neuwied/Berlin
Lübbe, Hermann (1986), *Religion nach der Aufklärung*, Graz/Wien/Köln
Lumer, Christoph (1990), *Praktische Argumentationstheorie*, Braunschweig
Lyons, John (1992[4]), *Die Sprache*, München [Das Buch bietet einen Überblick über Forschungsansätze und Ergebnisse zum Thema »Sprache«. Der Autor erläutert u.a. die Sapir-Whorf-Hypothese, die zur Verbreitung relativistischer Auffassungen beigetragen hat.]

Mackie, John, L. (1985), *Das Wunder des Theismus, Argumente für und gegen die Existenz Gottes*, Stuttgart
Marquard, Odo (1978), »Kompensation – Überlegungen zu einer Verlaufsfigur geschichtlicher Prozesse«, in: Faber, Karl-Georg/Meier,

Christian (Hg.), *Theorie der Geschichte, Bd. 2: Historische Prozesse*, München, S. 330-362

Marquard, Odo (1992), »Zeit und Endlichkeit«, in: *Information Philosophie* 5/1992, S. 6-10

Mayr, Ernst (1984), *Die Entwicklung der biologischen Gedankenwelt*, Berlin/Heidelberg/New York/Tokio

Mill, John Stuart (1984), *Drei Essays über Religion*, Stuttgart

Moore, George Edward (1903/1970), *Principia Ethica*, Stuttgart

Naess, Arne (1975), *Kommunikation und Argumentation*, Kronberg

Nagel, Thomas (1990), *Was bedeutet das alles?*, Stuttgart

Nagel, Thomas (1992), *Der Blick von nirgendwo*, Frankfurt

Perelmann, Chaim (1980), *Das Reich der Rhetorik*, München

Popper, Karl Raimund (1974[5]), »On the Sources of Knowledge And of Ignorance«, in: *Conjectures an Refutations*, London, S. 3-30 [Ich glaube, daß dies Poppers bester Aufsatz ist, ein Text mit vielen Ideen, die auch für die Praxis vernünftigen Argumentierens wichtig sind, z.b.: Wir heißen alle Quellen der Erkenntnis willkommen, ohne eine davon mit besonderer Autorität auszustatten.]

Popper, Karl Raimund (1974[2]), *Objektive Erkenntnis*, Hamburg

Popper, Karl Raimund (1976), »The Myth of the Framework«, in: E. Freeman (Hg.), *The Abdication of Philosophy*, La Salle, Illinois, S. 23-48. [Dieser Aufsatz und Popper (1992[7]) enthalten kritische Einwände gegen relativistische Auffassungen. Insbesondere der zweite unterzieht die zentrale Annahme des Relativismus, daß Leistungen nur innerhalb eines Kontextes vergleichbar und gültig sind, einer gründlichen Kritik.]

Popper, Karl Raimund (1974[5]), *Das Elend des Historizismus*, Tübingen

Popper, Karl Raimund (1983), *Realism and the Aim of Science*, London

Popper, Karl Raimund (1984[8]), *Logik der Forschung*, Tübingen

Popper, Karl Raimund (1992[7]), »Tatsachen, Maßstäbe und Wahrheit: eine weitere Kritik des Relativismus« (1961), in: *Die offene Gesellschaft und ihre Feinde*, Tübingen, S. 460-493

Popper, Karl Raimund/Eccles, John (1982), *Das Ich und sein Gehirn*, München

Radnitzky, Gerard (1989), »Wert«, in: Radnitzky, Gerard/Seiffert, Helmut (Hg.), *Handlexikon zur Wissenschaftstheorie*, München, S. 381-387

Rahner, Karl (1982), »Vom Mut zum kirchlichen Christentum«, in: Jens, Walter (Hg.), *Warum ich Christ bin*, München, S. 296-309

Rescher, Nicholas (1993), *Rationalität*, Würzburg

Richards, Robert J. (1993), »Evolutionäre Ethik, revidiert und gerechtfertigt«, in: Bayertz, Kurt (Hg.), *Evolution und Ethik*, Stuttgart, S. 168-198

Rieger, Eva (1991²), *Nannerl Mozart*, Frankfurt

Rorty, Richard (1992), *Kontingenz, Ironie und Solidarität*, Frankfurt

Ruhleder, Rolf H. (1982³), *Rhetorik Kinesis Dialektik*, Bad Harzburg

Salamun, Kurt (Hg.) (1992), *Ideologien und Ideologiekritik*, Darmstadt [Verschiedene Aufsätze zum Thema – der Band enthält auch Beispiele für ideologiekritische Analysen.]

Salmon, Wesley C. (1983), *Logik*, Stuttgart [Eine gut lesbare Einführung, wobei der Autor induktive Verfahren zu rechtfertigen versucht.]

Schlüter-Kiske, Barbara (1987), *Rhetorik für Frauen*, München [Unter den Rheotorik-Büchern, die ich kenne, ragt dieses Buch heraus. Es ist auch für Männer geschrieben.]

Schmid, Michael (1989), »Formen der Ideologiekritik«, in: Salamun, Kurt (Hg.), *Aufklärungsperspektiven*, Tübingen, S. 149-162

Schmidt, Siegfried J. (1987), *Der Diskurs des Radikalen Konstruktivismus*, Frankfurt

Schnädelbach, Herbert (1984), *Rationalität*, Frankfurt

Schulz v. Thun, Friedemann (1989), *Miteinander reden 1*, Reinbek [Eine Einführung in die Kommunikationspsychologie, die der Autor in dem zweiten Band *Miteinander reden 2* (1990) in einigen Teilen ansatzweise revidiert hat.]

Schulze, Gerhard (1992²), *Die Erlebnisgesellschaft*, Frankfurt/New York

Schultz, Uwe (Hg.) (1990), *Scheibe, Kugel, Schwarzes Loch. Die wissenschaftliche Eroberung des Kosmos*, München

Streminger, Gerhard (1992), *Gottes Güte und die Übel der Welt*, Tübingen

Stückelberger, Alfred (1988), *Einführung in die antiken Naturwissenschaften*, Darmstadt

Suchla, Peter (1988), »Religiöse Gewißheit contra wissenschaftliche Rationalität?«, in: Sievering, Ulrich O. (Hg.), *Kritischer Rationalismus heute*, Frankfurt, S. 224-240

Swinburne, Richard (1987), *Die Existenz Gottes*, Stuttgart

Tannen, Deborah (1992), *Das hab' ich aber nicht gesagt*, Hamburg

Tannen, Deborah (1993), *Du kannst mich einfach nicht verstehen*, München

Toulmin, Stephen (1975), *Der Gebrauch von Argumenten*, Kronberg

Ueding, Gert/Steinbrink, Bernd (1986²), *Grundriß der Rhetorik*, Stuttgart

Vollmer, Gerhard (1986), *Was können wir wissen?*, Bd. 2: *Die Erkenntnis der Natur*, Stuttgart

Vollmer, Gerhard (1988), »Sollen impliziert Können«, in: Sievering, Ulrich O. (Hg.), *Kritischer Rationalismus heute*, Frankfurt, S. 181-210

Vollmer, Gerhard (1993), »Warum haben wir keine Frage-Kultur«, in: *Universitas* 1/1993, S. 39-49 [Ein lesenswerter Aufsatz, der die Bedeutung von Fragen und der Orientierung an den zu lösenden Problemen hervorhebt.]

Watzlawick, Paul/Beavon, Janet H./Jackson, Don D. (1974[4]), *Menschliche Kommunikation*, Bern [Ein Standardwerk, das unsere Ansichten über Kommunikation und Sprache beeinflußt hat. Vgl. hierzu auch Girgensohn-Marchand (1992), die zentrale Annahmen dieses Ansatzes einer Kritik unterwirft.]

Watzlawick, Paul/Weakland, John (Hg.) (1990), *Interaktion*, München

Weidenmann, Bernd (1980), *Diskussionstraining*, Reinbek

Weisbach, Christian-Rainer (1992), *Professionelle Gesprächsführung*, München

Weizsäcker, Carl Friedrich v. (1992[2]), *Die Sterne sind glühende Gaskugeln und Gott ist gegenwärtig*, Freiburg/Basel/Wien

Wickler, Wolfgang/Seibt, Uta (1983), *Männlich Weiblich. Der große Unterschied und seine Folgen*, München

Willer, Jörg (1988), »Wehrphysik statt ›jüdischer Theorien‹«, in: *Universitas* 5/1988, S. 558-572

Wuketits, Franz M. (1988), *Evolutionstheorie*, Darmstadt

Zahrnt, Heinz (1980), *Warum ich glaube*, München